DR. MED. WINFRIED KEUTHAGE

DAS GROSSE HAFERKORN KOCHBUCH

INHALT

GANZES KORN – WIRKT ENORM!

Wir alle kennen Haferflocken. Doch Haferkörner? Die sind nahezu in Vergessenheit geraten. Sehr zu Unrecht. Denn sie sind vielseitig in der Küche einsetzbar – als Beilage, für Hauptgerichte oder Desserts, von herzhaft bis süß. Sie hatten bisher noch keine Gelegenheit, ganze Haferkörner zu probieren? Das wird sich mit der Lektüre dieses Buches sicher ändern!

Viele Menschen lieben Haferflocken, doch nicht alle. Einige stört die cremig-breiige Konsistenz eines Porridges. Haferkörner bieten da ein köstlich-neues Munderlebnis. In Aussehen und Konsistenz an Reiskörner erinnernd, haben sie im Vergleich deutlich mehr Biss, sind zugleich saftiger und entfalten den typischen nussigen Hafergeschmack.

Ganze Haferkörner können wir essen, wenn nach der Ernte die für den Menschen ungenießbare Spelze entfernt wurde. Werden die Haferkörner dann gewalzt, entstehen Haferflocken. Im Kapitel »Hafer selbst flocken« können Sie übrigens nachlesen, wie Sie aus Haferkörnern ganz einfach selbst Haferflocken herstellen können.

Heimisches Superfood

In den letzten beiden Jahrzehnten begründeten Studien zu den gesundheitsfördernden Effekten von Hafer seinen Ruf als einheimisches Superfood. Insbesondere seine blutzuckerregulierende und cholesterinsenkende Wirkung erheben Hafermahlzeiten fast auf die Stufe eines Medikamentes. Passend dazu hat der Studienkreis »Entwicklungsgeschichte der Arzneipflanzenkunde« an der Universität Würzburg im Jahr 2017 Hafer zur »Arzneipflanze des Jahres« gekürt.

Im ersten Teil des Buches erhalten Sie einen Überblick über die Geschichte des Hafers, seine Inhaltsstoffe und gesundheitsfördernden Effekte. Wir erklären die Hafertage sowie die haferspezifischen Inhaltsstoffe Beta-Glucane. Die seit mehr als 100 Jahren bekannten Hafertage empfehlen mittlerweile die meisten der deutschen Diabetologen ihren Patienten mit Typ-2-Diabetes. Denn ein oder zwei Hafertage mit jeweils drei Haferflocken-Mahlzeiten am Tag können den Blutzucker nachhaltig senken.

Neu: die HaferKORNtage

Für alle Liebhaber der Hafertage und solche, die es werden möchten, haben wir etwas Neues entdeckt: Probieren Sie an den Hafertagen anstelle von Haferflocken auch mal Haferkörner! Einfach beim kalten oder warmen Porridge mit Beeren, Nüssen oder Gemüse die Haferflocken gegen Körner austauschen. Oder Sie machen sich als herzhafte Variante eine heiße Haferkorn-Gemüse-Suppe. In diesem Buch stellen wir Ihnen neben den Hafertagen erstmals die von uns neu entwickelten Haferkorntage vor, einschließlich übersichtlicher Diagramme.

Darüber hinaus erfahren Sie, wie Sie einfach und schnell mit ganzen Haferkörnern kochen. Das reicht von Tipps und Tricks zum Vorkochen der Haferkörner bis zu detaillierten Beschreibungen, wie Sie Haferkorn-Sushi oder Haferkorn-Bowls zubereiten.

Alte Getreidesorten wiederentdeckt

Doch nicht nur das Haferkorn ist fast vergessen, auch andere einheimische Getreide wie Gerste-, Dinkel- und Hirsekörner finden bei uns nicht mehr oft Verwendung. Wir erklären Ihnen, warum Sie das ändern sollten, und stellen Ihnen verschiedene Rezeptideen vor. Dabei spielten diese Getreidekörner in unserer Kulturgeschichte einmal eine große Rolle und haben teilweise bis heute wesentlichen Anteil an der Ernährung der Weltbevölkerung. Dieses Buch soll helfen, sie wieder in unser Bewusstsein und zurück auf Ihren Speiseplan zu bringen.

60 abwechslungsreiche Haferkornrezepte

Das Herzstück des Buches ist unser Rezeptteil. Dort finden Sie ausschließlich Rezepte mit Haferkörnern. Glauben Sie mir, das ist alles andere als eintönig! Wir bieten Ihnen eine große Vielfalt an schmackhaften Gerichten. So stellen wir Ihnen Variationen bekannter Reis-Rezepte, wie zum Bespiel Risotto, Milchreis oder Paella, vor. Andere Rezepte sind neu kreiert, wie die Haferkorn-Köttbullar unsere »Schnelle Tasse«-Rezepte oder der Kartoffel-Haferkorn-Auflauf. Mit den 60 einzigartigen Rezepten verbinden wir ein ehrgeiziges Ziel: Wir hoffen, dass Sie ganze Haferkörner dauerhaft in Ihren Speiseplan aufnehmen und sich mit ihrer Hilfe ganz einfach gesund und vollwertig ernähren.

Münster, im April 2023
Dr. med. Winfried Keuthager

ALLESKÖNNER HAFERKORN

In den letzten Jahrzehnten erlebt Hafer eine Renaissance, meist in Form von Haferflocken auf dem Frühstückstisch. Doch Hafer hat noch viel mehr zu bieten. Das ganze Haferkorn ist überaus vielseitig und ein wahres Superfood. Für kein anderes Getreide gibt es so viele Studien, in denen die gesundheitlichen Effekte nachgewiesen wurden.

DAS HAFERKORN: PRIMUS INTER PARES!

»Erster unter Gleichen« lautet die deutsche Übersetzung von »Primus inter pares«. Wie passt das zum Haferkorn? Das Haferkorn reiht sich in eine Gruppe weiterer Getreidekörner ein, nimmt unter diesen jedoch eine Sonderstellung ein. Das liegt vor allem daran, dass es von allen Getreidesorten die größten gesundheitlichen Vorteile in sich vereint. Fangen wir aber von vorn an.

Spelzgetreide im Überblick

Hafer zählt zu den Spelzgetreiden, welche von den Nacktgetreidearten Weizen, Roggen und Mais abzugrenzen sind. Letztere haben höhere Ansprüche in Bezug auf Bodenqualität und Niederschlagsmengen, sind ertragreicher und können leichter verarbeitet werden. Insbesondere der Ertrag von Weizen wurde durch Züchtungen und durch die Industrialisierung in der Landwirtschaft enorm gesteigert.

Das Charakteristische an Spelzgetreiden ist, dass das Korn von der Spelze – einer festsitzenden Schale – umhüllt ist. Die Spelze schützt jedes einzelne Korn vor Krankheiten, Schädlingen und Umweltverschmutzung und macht es besonders lagerfähig. Bei der Verarbeitung in der Mühle erfordert die Spelze einen zusätzlichen Arbeitsgang, in dem sie vom Korn getrennt wird. Spelzgetreide können auf schlechteren Standorten und mit weniger Niederschlag kultiviert werden. Sie bringen einen geringeren Ertrag und wurden weniger intensiv gezüchtet.

Hafer und Gesundheit geschichtlich betrachtet

Gesundheitsfördernde Effekte von Hafer wurden schon sehr früh in der Medizingeschichte beschrieben. In der »Materia medica«, einer europäischen Arzneimittellehre aus dem 1. Jahrhundert n. Chr., wird Hafer als Mittel bei Erkältungs- und Darmbeschwerden empfohlen. Hildegard von Bingen beschäftigte sich in ihrer »Physica« im 12. Jahrhundert auch mit den gesundheitsfördernden Wirkungen von Haferspeisen für Gesunde und Kranke. Unter anderem schreibt sie, Hafer sorge für gute Laune, einen wachen Verstand sowie eine gute Hautfarbe. Etwas später erwähnte der Gelehrte Paracelsus Hafer als ausgezeichnetes Nahrungsmittel. Auch der Priester und Naturheilkundler Sebastian Kneipp, bekannt durch seine Wasseranwendungen, empfahl bei Magen-, Brust- und Halsschmerzen Haferbrei.

Spelzgetreide waren von der Antike bis Anfang des 20. Jahrhunderts wichtige Getreidearten in Deutschland. Zu den Spelzgetreiden gehören außer Hafer auch Gerste, Dinkel, Hirse, Einkorn und Emmer.

Einkorn und Emmer

Einkorn und sein enger Verwandter Emmer, die zu den ersten kultivierten Getreidesorten in der Menschheitsgeschichte zählen, werden auch als Urgetreide bezeichnet. So wurde im Magen von Gletschermann Ötzi eine Mahlzeit mit Einkörnern gefunden. Die Römer kultivierten in der Antike Einkorn und Emmer, im Mittelalter wurden sie nach und nach von anderen Getreiden verdrängt und gerieten fast völlig in Vergessenheit. Zwar werden inzwischen Einkorn und Emmer in Deutschland, meist in der ökologischen Landwirtschaft, wieder angebaut, doch sie sind nur in wenigen Lebensmittelmärkten zu finden.

Gerste, Dinkel und Hirse

Im Vergleich zu den Urgetreiden sind Gerste, Dinkel und Hirse deutlich bekannter und beliebter. In diesem Buch erfahren Sie einiges über die Kulturgeschichte dieser Getreidearten (siehe S. 38 – 42), außerdem finden Sie Anleitungen zur Zubereitung (siehe S. 36 f.) und Rezepte.

Die Anfänge des Hafers als Kulturpflanze

So wie viele andere Getreidepflanzen war Hafer ursprünglich eine Wildpflanze, welche bereits vor mehreren zehntausend Jahren, unter anderem in der Region Vorderasien und im Mittelmeerraum, sehr verbreitet war. Lange vor den Anfängen des Ackerbaus sammelten Menschen wildwachsende Haferkörner. Später wurde Hafer als eine der ersten Nutzpflanzen überhaupt kultiviert.

Frühe Formen des Haferanbaus entstanden in den Gebirgen Nordwestchinas, etwa zeitgleich zur Kultivierung der Gerste. In Europa stammen die frühesten Funde kultivierter Haferformen aus Moldawien, Rumänien und Ungarn und reichen bis in das Jahr 5000 v. Chr. zurück. Damit ist Hafer mit einigen seiner Unterformen die einzige Getreidegattung, die ihren Ursprung in Europa hat. Spätestens ab dem 2. Jahrhundert v. Chr. bauten auch die Germanen Hafer im Küstengebiet der Nordsee und der Niederelbe an.

Die Römer kannten Hafer zunächst nur als wildwachsendes Unkraut. So berichtete der römische Geschichtenschreiber Plinius sichtlich überrascht, die germanischen Völker würden Hafer

Vom Hafer gestochen: Hafer als Pferdefutter

Pferde können Hafer gut verdauen. Es muss vor der Verfütterung nicht bearbeitet werden und enthält die Verdauung begünstigende Schleimstoffe. Zudem regen die Haferspelzen Pferde zum Kauen an. Hafer steht aber auch im Verdacht, Pferde übermütig und aufsässig zu machen und ihnen einen zusätzlichen Energieschub zu geben. Daher kommt der Spruch: »Den sticht wohl der Hafer.« Möglicherweise ist gemeint, dass die Spelze das Pferd im wahrsten Sinne des Wortes stechen und sie unruhig machen. Gerüchteweise soll Hafer auch die Potenz anregen, immerhin ähnelt ein im Hafer enthaltenes Alkoholalkaloid in seiner chemischen Zusammensetzung dem männlichen Testosteron.

säen und keinen anderen Brei als Haferbrei essen. Im alten Island wurden Hafer und Hering als Speise der Götter bezeichnet. In ganz Nordeuropa war Hafer fast 2000 Jahre lang Hauptnahrungsmittel, vor allem der ärmeren Bevölkerung.

In Mittel- und Süddeutschland spielte dagegen Hafer als Kulturpflanze zunächst keine große Rolle. Erst ab dem 13. Jahrhundert galt Hafer als wichtige Getreideart in ganz Deutschland und wurde auch in den Mittelgebirgen verbreitet angebaut. Dort wurde Hafer ebenso wie Dinkel als Morgenspeise gegessen. Bis zu Beginn des 20. Jahrhunderts war Hafer in Deutschland nach Roggen das am weitesten verbreitete Getreide. In Irland, Wales, Schottland, Südschweden und der Bretagne ist es noch heute eines der Hauptgetreide.

Haferbrei – ein Gericht mit Tradition

Früher war Hafer ein unverzichtbarer Bestandteil der Ernährung weiter Bevölkerungskreise. In Nordeuropa wurde im Magen von 5000 Jahre alten Moorleichen Haferbrei gefunden und auch im Frühmittelalter war Hafergrütze ein wesentlicher Bestandteil des Speisezettels. Die »Penny cyclopaedia« von 1837 schreibt über die schottische Landbevölkerung: »Ihr Frühstück und oft auch ihre übrigen Mahlzeiten werden in erster Linie aus Hafermehl zubereitet.« In Schottland war es damals üblich, kalte Milch, Sahne oder Buttermilch auf den Tisch zu stellen und den vollen Löffel mit Haferporridge dort einzutauchen.

Porridge verbreitete sich von Schottland aus über die ganze Welt. Die US-Amerikaner verwendeten früher statt Haferflocken oft auch ganze Haferkörner oder geschroteten Hafer dafür. Beliebt ist Haferbrei seit jeher auch in Russland und in Skandinavien, wo Haferflocken mit Wasser gekocht, gesalzen oder leicht gezuckert werden.

In der Medizingeschichte gibt es zahlreiche Berichte über den medizinischen Nutzen von Hafer. Lesen Sie mehr dazu unter hafertage.com

DIE HAFERPFLANZE

Die Haferpflanze wächst rispenförmig, im Gegensatz zu den meisten anderen Getreidearten, welche Ähren haben, wie Weizen, Roggen, Gerste und Dinkel. Die Haferrispe hat einen Haupttrieb mit vielen stark verzweigten Seitenzweigen und 30 bis 40 Körnern pro Rispe. Sie wird einjährig angebaut und wächst 60 bis 150 Zentimeter hoch. Im Laufe der Wachstumsphase neigt sie sich leicht nach unten, was ihr eine glockenähnliche Form gibt. Die einzelnen Haferkörner sind fest mit der Schale, der sogenannten Spelze, umhüllt. Nach der Ernte wird das Korn von der Spelze getrennt (»entspelzt«).

Aufbau des Haferkorns

Das entspelzte Haferkorn, auch Haferkern genannt, besteht aus der Frucht- und Samenschale, dem Mehlkörper und dem Keimling. Vitamine, Mineral- und Ballaststoffe sowie das Beta-Glucan finden sich vor allem in der Schale, während der Mehlkörper überwiegend aus Stärke und zu einem kleinen Teil aus Eiweiß besteht. Der Keimling wiederum enthält Eiweiß, Fette und Vitamine. Bei der Haferkleie wird der Mehlkörper entfernt, was den Gehalt an Beta-Glucanen und Mineralstoffen erhöht.

Ein robustes Getreide

Die Wurzeln der Haferpflanze reichen bis zu zwei Meter tief in den Boden, was den hohen Nährstoffgehalt des Haferkorns erklärt. Hafer wächst auch bei ungünstigen Bodenqualitäten, wie zum Beispiel auf entsumpften Böden, und trägt so zur Erholung des Ackerbodens bei. Die Haferpflanze ist wenig anfällig gegenüber Pflanzenkrankheiten oder Schädlingen, daher müssen kaum Pflanzenschutzmittel eingesetzt werden.

Die Haferpflanze ist eine robuste Getreideart, die gemäßigtes Klima bevorzugt. Hauptanbaugebiete sind Nord- und Mitteleuropa sowie Nordamerika. Der Anbau in Deutschland konzentriert sich auf die Mittelgebirge, das Alpenvorland und die Küstenregionen. Die Aussaat erfolgt meist Mitte bis Ende März, die Ernte ist abhängig von der Witterung Mitte Juli bis Anfang August.

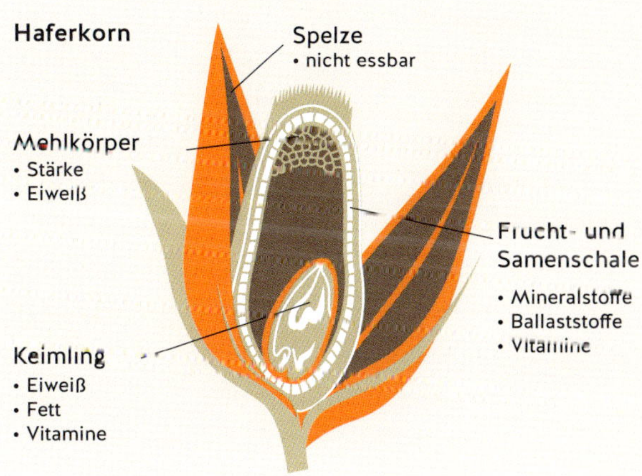

DAS HAFERKORN UND SEINE PRODUKTE

In diesem Buch dreht sich (fast) alles ums Haferkorn. Doch aus Hafer bzw. Haferkörnern wird noch eine Vielzahl anderer Produkte hergestellt. Allen voran Haferflocken, die wohl jedes Kind kennt. Im Folgenden finden Sie eine Übersicht.

Haferflocken

Es wird in kernige und zarte Haferflocken unterschieden. Bei den kernigen Haferflocken werden ganze, entspelzte Kerne ausgewalzt (= Großblattflocken). Zur Herstellung der zarten Haferflocken müssen die Haferkerne zunächst in kleine Stücke – die sogenannte Grütze – geschnitten werden. Anschließend werden die Stücke zu Flocken gewalzt (= Kleinblattflocken).
Beide Sorten gibt es in jedem Supermarkt zu kaufen. Sie können aber auch selbst Haferflocken herstellen. Wie das geht, erfahren Sie auf Seite 15 f.

Hafergrütze

Wenn Haferkörner in kleine Stücke geschnitten werden, entsteht Hafergrütze. Diese wird zu weiteren Hafererzeugnissen verarbeitet, zum Beispiel zu zarten Haferflocken oder Hafermehl.

Haferkleie

Haferkleie besteht aus dem Keim und den Randschichten des Haferkorns. Der Mehlkörper ist entfernt.

Haferkleiegrieß

Für Haferkleiegrieß werden der Keim und die Randschichten grob gemahlen.

Lösliche Haferkleieflocken

In einem besonderen Verfahren können aus gemahlenem Haferkleiegrieß lösliche Haferkleieflocken hergestellt werden.

Hafermehl

Für Hafermehl werden Haferflocken fein vermahlen oder es wird aus gemahlener Hafergrütze hergestellt. Hafermehl ist im Handel nicht leicht zu bekommen. Sie können es aber problemlos selbst herstellen: Verarbeiten Sie einfach zarte Haferflocken in einem Standmixer zu Mehl.

Lösliche Haferflocken

Für lösliche Haferflocken wird Hafervollkornmehl über ein besonderes Verfahren zu hauchdünnen Flocken gewalzt.

Hafercerealien

Hafercerealien sind leckere Variationen, wie zum Beispiel Haferpops oder Müsli, und meist knusprig oder süß. Bei der Herstellung werden meist Hafermehl und weitere Zutaten verkocht und anschließend gepresst. Aber Vorsicht: Manchmal ist viel Zucker zugesetzt.

Haferdrink

Zur Herstellung von Haferdrink werden Haferkörner gemahlen und mit Ferment in Wasser eingeweicht, sodass die Stärke teilweise zu Zuckerbausteinen abgebaut wird. Die unlöslichen Bestandteile werden entfernt, übrig bleibt der leicht süßliche Haferdrink.

Die Auswahl an Haferprodukten ist groß. Hier ein aktueller Überblick, welche es gibt und welche uns besonders schmecken: hafertage.com

Beim Haferdrink handelt es sich nicht um Milch, dieser Begriff darf nur für Produkte mit klassischer Kuhmilch verwendet werden. In der Umgangssprache werden die Begriffe Haferdrink und Hafermilch jedoch oft synonym verwendet.

Haferreis

Haferreis sind ganze Haferkörner, die zu reisähnlichen Körnern geschliffen werden. Außer dem Aussehen hat Haferreis also nichts mit Reiskörnern zu tun. Er kann allerdings ähnlich wie Reis eingesetzt werden. Im Ersten Weltkrieg war Haferreis weit verbreitet und wurde für Suppen, Beilagen, Vor-, Haupt- und Nachspeisen verwendet. Schon damals wusste man von seinen sättigenden und gesundheitsfördernden Effekten. Danach ist er jedoch in Vergessenheit geraten.

Bei allen Vorzügen haben Haferkörner einen nicht unerheblichen Nachteil: Die Garzeit ist mit 40 bis 45 Minuten deutlich länger als bei Reis, Nudeln oder Kartoffeln. Haferreis schafft Abhilfe und verkürzt die Garzeit auf 10 bis 12 Minuten. Aufgrund der aktuell noch geringen Nachfrage ist Haferreis teuer und fast nur im Internet zu bekommen.

So wird Haferreis hergestellt

In der Regel wird Haferreis aus Nackthafer hergestellt. Er wird in einer speziellen Mühle geschliffen, einzelne Herstellungsverfahren sind sogar patentgeschützt. Haferreis durchläuft mehr als ein Dutzend verschiedener Produktionsschritte, in denen die Körner unter anderem gereinigt und poliert werden. Meist werden sie dann gebacken, gedämpft, geschmort, anschließend gekühlt und getrocknet. Zum Schluss wird der Haferreis klassiert und vakuumiert.
Beim Polieren werden die Haferkornschalen vorsichtig gebrochen, was die Aufnahme von Wasser beim Kochen erleichtert und den Nährstoffgehalt vermindern kann. Aufgrund der im Hafer natürlicherweise vorhandenen Enzyme würde der unbehandelte Haferreis rasch verderben. Um dies zu verringern und die Haltbarkeit zu verlängern, werden die Haferreiskörner bei der Verarbeitung wiederholt erhitzt, so werden die Enzyme deaktiviert.

In Ihrem Supermarkt gibt es keinen Haferreis? Wir sagen Ihnen, wo Sie Haferreis kaufen können und welche Sorte wir empfehlen: haferkoerner.de

VOM KORN ZUR FLOCKE

Haferflocken sind immer Vollkornprodukte. Sie werden aus dem ganzen Korn hergestellt. Demgegenüber werden beim Mahlen der meisten Brotmehle Schale und Keim der Getreidekörner entfernt.

Vom Feld zur Mühle

Im Spätsommer, wenn der Hafer goldgelb ist, kann er geerntet werden. In der Mühle wird er gereinigt, gesiebt und mit modernen Techniken auf Aussehen, Geruch und weitere Kriterien hin überprüft.

Darren

Um den Feuchtigkeitsgehalt zu verringern und die Haltbarkeit zu verlängern, wird der Hafer durch 90 Grad heiße Rohre geschickt und getrocknet. Die fettspaltenden Enzyme im Hafer werden deaktiviert, sodass er nicht so schnell ranzig wird. Das Darren hemmt zudem die Entstehung von Bitterstoffen und verhilft dem Hafer zu seinem nussigen Geschmack.

Entspelzen

Die Spelzen werden entfernt, indem die Körner von einem sich drehenden Rotor durch Zentrifugalkraft gegen einen Prallring an der Außenwand geschleudert werden. Beim Aufprall lösen sich die Spelzen vom Korn. Die leichteren Spelzen werden abgesaugt und die Körner bleiben zurück.

Walzen

Um Haferflocken zu erhalten, werden die ganzen (oder zerkleinerten) Haferkörner mit Wasserdampf erhitzt. Dies macht sie elastischer. Zwischen zwei Walzen werden die Haferkörner zu Flocken gequetscht. Erneutes Dämpfen und Trocknen erhöht die Haltbarkeit und verbessert die Verdaulichkeit der Haferflocken.

Saathafer und Nackthafer

Während Haferflocken meist aus Saathafer hergestellt werden, stammen die im Handel erhältlichen ganzen Haferkörner überwiegend vom Nackthafer.

Saathafer

Wenn wir von Hafer sprechen, meinen wir den Saathafer oder echten Hafer, botanischer Name

Nährstoffreiches Haferkorn

Ganze Haferkörner haben den höchsten Nährstoffgehalt. Beim Walzen zu Flocken wird die Schale des Haferkorns aufgeschlossen und der Hafer verliert einen Teil der Nährstoffe. Auch die Bearbeitungsschritte, die die Haltbarkeit der Haferflocken erhöhen, können den Nährstoffgehalt vermindern.

Avena sativa. Die spindelförmigen und tief gefurchten Körner sind bei der Reife mit einer Deckspelze und einer Vorspelze fest verwachsen und müssen nach der Ernte entspelzt werden. Da die Spelze fest am Korn ansitzt, können beim Entspelzen bei einem Teil der Körner die Keimlinge verloren gehen, die einen wichtigen Teil der Inhaltsstoffe enthalten. Dennoch gilt auch entspelzter Hafer als Vollkorngetreide.

Nackthafer

Durch Züchtung entstand vor etwa 100 Jahren der Nackthafer, botanischer Name Avena nuda. Da seine Erträge vergleichsweise geringer ausfallen, wird Nackthafer seltener angebaut. Im Vergleich zum Saathafer sitzen die Spelzen nur locker auf dem Korn.

Daher ist Nackthafer weniger gut vor Umwelteinflüssen geschützt und anfälliger für Krankheiten. Sein höherer Fettgehalt macht ihn leichter verderblich, auch entfällt die natürliche Stabilisierung durch die hafereigene Spelze bei der Lagerung. Um die Haltbarkeit zu erhöhen, wird Nackthafer unmittelbar nach der Ernte durch das Darren stabilisiert.

Da das Entspelzen leichter ist, bleiben im Nackthafer mehr Fette, Nähr- und Bitterstoffe erhalten. Auch der Keimling wird in der Regel nicht entfernt. Deshalb kann man Nackthafer zum Keimen oder Sprießen bringen, weshalb er manchmal auch als Sprießkorn bezeichnet wird.

Sie möchten ganze Haferkörner kaufen? Unsere Einkaufstipps finden Sie hier: haferkoerner.de

Hafer selbst flocken

Sie können sich nicht zwischen ganzen Haferkörnern und industriell hergestellten Haferflocken entscheiden? Kein Problem. Haferkörner können Sie ganz einfach selbst flocken. Wie beschrieben, sind Haferflocken letztlich nichts anderes als gewalzte Haferkörner. Oft wird auch von Quetschen gesprochen. Durch behutsames Vorgehen wird versucht, Nährstoffe und Geschmack weitestgehend zu erhalten.

Für industriell hergestellte Haferflocken wird meist Saathafer verwendet. Ihr Gehalt an chemisch-synthetischen Pestiziden, die bei der konventionellen Landwirtschaft eingesetzt werden, wird durch Dämpfen vermindert. Dadurch sind sie trockener und erhalten leckere Röstaromen.

Zum Selbstflocken verwenden Sie am besten Nackthafer aus ökologischer Landwirtschaft, da hier keine Pestizide eingesetzt werden.

Selbstgeflockt schmeckt Hafer lecker und ist gesünder. Allerdings nur, wenn die Flocken direkt nach dem Walzen verwendet werden. Bereits nach zwei Stunden beginnen die Flocken durch den einsetzenden Oxidationsprozess einen bitteren Geschmack anzunehmen.

Flockenquetsche

Mit den für zu Hause verfügbaren Flockenquetschen lassen sich Haferkörner und andere Getreidekörner jederzeit zu frischen, leckeren und gesunden Getreideflocken quetschen. Die Flockenquetschen sind nicht ganz billig, doch wenn Sie sich an den vollmundigen Geschmack der frischen Flocken gewöhnt haben, werden Sie sie nicht mehr missen wollen.

Flockenquetschen im Vergleich

Flockenquetschen bestehen aus zwei Walzen, zwischen denen das Korn quasi plattgedrückt wird.

Die Walzen sind fast ausschließlich aus Edelstahl, welches unempfindlich gegenüber Fettsäuren ist. Es gibt Walzen in Zylinderform oder in Kegelform, wobei erstere vorzuziehen ist. Bei der Kegelform herrscht höherer Druck auf das Korn, dadurch könnte der Nährstoffgehalt stärker sinken.

Es gibt Modelle zur Montage am Tisch oder an der Wand, zur Bedienung per Hand oder elektrisch. Tischmodelle werden mit einer dafür vorgesehenen Zwinge zum Beispiel an einer Arbeitsplatte befestigt, Wandmodelle dagegen fest an der Wand montiert. Elektronische Flockenquetschen benötigen weniger Platz, sind leistungsfähiger, allerdings auch teurer.

Hafer selbst flocken – so geht's

- Die Haferkörner werden in den Trichter gefüllt, dann elektronisch oder per Hand durch das Walzwerk befördert und zu Flocken gepresst.
- Große Körner ergeben große Flocken, kleine ergeben kleinere Flocken.
- Das Einweichen der Haferkörner für 10 Minuten in kaltem Wasser soll das Quetschen der harten Getreidekörner erleichtern. Allerdings verkleben die Walzen dann auch leichter und sind anschließend aufwendiger zu reinigen. Wir empfehlen daher, die Körner ohne Einweichen zu walzen.
- Bei den meisten Haferwalzen sind die Abstände der beiden Walzen verstellbar, sodass die Flockengröße variabel ist. Je kleiner der Abstand, desto feiner werden die Flocken.
- Die frisch gewalzten Flocken können noch einmal in den Trichter gegeben und ein zweites Mal gewalzt werden. Dadurch werden sie ein wenig dünner und größer.

Sie suchen eine Flockenquetsche? Wir sagen Ihnen, welche wir empfehlen können: haferkoerner.de

DAS STECKT IM HAFER

Hafer ist gesund, macht satt, ist gut verträglich und kann in der Küche vielseitig verwendet werden. Das wissen die Menschen schon seit Jahrhunderten. Der Grund für diese positiven Eigenschaften sind seine Inhaltsstoffe.

Kohlenhydrate

Der Hauptbestandteil von Hafer sind komplexe Kohlenhydrate (Stärke): 100 Gramm Haferflocken enthalten zwischen 59 und 69 Gramm Kohlenhydrate, davon ist durchschnittlich weniger als ein Gramm Zucker. Stärke besteht aus langen Ketten von Zuckerbausteinen (Glukose), die bei der Verdauung aufgespalten werden. So werden sie – im Vergleich zu Zucker – langsamer vom Körper aufgenommen. Der Blutzuckerspiegel steigt weniger steil an und wir fühlen uns länger satt.

Haferflocken haben einen niedrigen glykämischen Index (GI) von 40. Der GI ist ein anerkanntes Maß für die blutzuckersteigernde Wirkung von Lebensmitteln. Als Referenz gilt Traubenzucker (Glukose) mit einem GI-Wert von 100.

Im Vergleich zu anderen Getreidearten hat die Stärke im Hafer einen hohen Anteil an Amylose und Amylopektin, welche besondere Klebereigenschaften haben. Beim Erwärmen des Hafers wird die Haferstärke aufgeschlossen und teilweise freigesetzt. Dies verleiht zum Beispiel beim Aufkochen von Haferflocken in Flüssigkeit dem Porridge seine cremige Konsistenz und sorgt dafür, dass er leicht verdaulich ist.

Resistente Stärke in vorgegarten Haferkörnern

Das Vorkochen der Haferkörner vereinfacht die Zubereitung und verkürzt die Zubereitungszeit. Es hat jedoch noch einen weiteren, wichtigen Vorteil. Durch das Kochen und anschließende Abkühlen der Haferkörner entsteht resistente Stärke. Diese bleibt erhalten, auch wenn die Haferkörner später noch einmal erhitzt werden. Resistente Stärke wird in unserem Körper ähnlich wie Ballaststoffe verwertet, gelangt also unverdaut in den Dickdarm. Dadurch hat sie viele gesundheitliche Vorteile.

Ballaststoffe

100 Gramm Hafer enthalten zwischen 8,1 und 12 Gramm Ballaststoffe. Empfohlen wird eine tägliche Zufuhr von mindestens 30 Gramm Ballaststoffen, dies senkt das Risiko für Typ-2 Diabetes, koronare Herzkrankheit und Darmkrebs.

54 Prozent der Ballaststoffe im Hafer sind unlöslich und 46 Prozent löslich. Unlösliche Ballaststoffe binden viel Flüssigkeit, quellen auf, erhöhen das Stuhlvolumen, aktivieren die Darmbewegung und beschleunigen die Darmpassage und Ausscheidung des Speisebreis. Sie werden zum über-

wiegenden Teil wieder ausgeschieden und im Dickdarm nicht durch Bakterien abgebaut. Lösliche Ballaststoffe sind hingegen »Bakterienfutter«, beim Abbau entstehen kurzkettige Fettsäuren, welche die Darmfunktion unterstützen. Das von den löslichen Ballaststoffen gebildete zähflüssige Gel bildet Schutzbarrieren für die Darmschleimhaut und schädliche Substanzen werden gebunden. Lösliche Ballaststoffe fördern das Immunsystem und unterstützen eine gesunde Darmflora.

Die Deutsche Gesellschaft für Ernährung (DGE) sieht es als belegt an, dass ein hoher Verzehr an Vollkornprodukten sowie an löslichen Ballaststoffen die Konzentration von Gesamt- und LDL-Cholesterin im Blut senkt (siehe S. 24).

Hafer-Beta-Glucan

Einzigartig am Hafer ist der hohe Gehalt an Beta-Glucanen, das sind spezielle Formen wasserlöslicher Ballaststoffe. Beta-Glucane finden sich in geringen Mengen auch in Hefen, Pilzen und Gräsern sowie in anderen Getreidearten. Die individuelle Struktur der unterschiedlichen Beta-Glucane führt zu signifikanten Unterschieden in Löslichkeit, bio-

Was ist resistente Stärke?

Bei der resistenten Stärke handelt es sich um Stärke und ihre Abbauprodukte, die im Dünndarm nicht verdaut und erst im Dickdarm von den dort ansässigen Bakterien verstoffwechselt werden. Dies ist ein wichtiger Unterschied zu schnell und zu langsam verdaulicher Stärke, die jeweils im Dünndarm in Glukose gespalten wird.

Resistente Stärke ist von Natur aus in relevanten Mengen in Getreidekörnern enthalten. Es gibt jedoch eine weitere Form der resistenten Stärke, auch als retrogradierte Stärke bezeichnet, die beim Erhitzen und Abkühlen stärkehaltiger Lebensmittel wie beispielsweise Kartoffeln, Reis und anderem Getreide entsteht.

Bei der in Hafer vorhandenen Stärke handelt es sich vor allem um Amylose, welche von allen Bestandteilen die meiste resistente Stärke entwickelt und am langsamsten verdaut wird. Bis zu etwa 20 Prozent der Stärke im Hafer kann in resistente Stärke umgebaut werden. Durch das Abkühlen verändert die Stärke ihre chemische Struktur so, dass sie von unseren Verdauungsenzymen nicht mehr gespalten und nicht zu Zucker abgebaut werden kann.

Warum ist resistente Stärke gesund?
Wenn weniger Zucker aus den aufgewärmten Haferkörnern aufgenommen wird, lässt dies den Blutzuckerspiegel weniger stark ansteigen. Doch resistente Stärke kann noch mehr. Sie wirkt in unserem Darm so ähnlich wie Ballaststoffe, schützt also vor Entzündungen und dient unseren Darmbakterien als Nahrung.

Dabei entsteht unter anderem Butyrat (Buttersäure), eine kurzkettige Fettsäure. Butyrat reguliert die Stoffwechselaktivität, fördert den Fettabbau und begünstigt eine gesunde Darmschleimhaut. Es werden ihm auch positive Wirkungen gegen Krebs zugesprochen. Butyrat verringert außerdem den Appetit und unterstützt so die Gewichtsreduktion. Letztlich wirkt sich der Verzehr von resistenter Stärke auch positiv auf viele Magen-Darm-Erkrankungen aus.

logischer Aktivität und Wirkungsweise. In ihrer spezifischen Form und in größeren Mengen kommen Beta-Glucane nur in Hafer und Gerste vor. Daher ist davon auszugehen, dass die durch sie ausgelösten Effekte nicht ohne weiteres auf andere Beta-Glucane übertragbar sind.

Beta-Glucan-Gehalt pro 100 Gramm

	Beta-Glucan-Gehalt in Gramm
Haferkörner	4,5
Haferflocken	4,5
Haferkleieflocken	7,5
Hafercerealien	3–5
Gerstenkörner	4,5

Hafer-Beta-Glucan hat vielfältige günstige Wirkungen im Stoffwechsel des Menschen. Zum Beispiel bindet es Flüssigkeit, wodurch im Magen-Darm-Trakt eine viskose (zähflüssige) Masse entsteht, welche die Darmschleimhaut schützt und einen langsameren Nährstoffabbau im Dünndarm zur Folge hat. Dies wirkt sich positiv auf Blutzucker- und Cholesterinspiegel sowie das Sättigungsgefühl aus (siehe S. 23 f.).

Eiweiß

Eiweiße (Proteine) bestehen aus vielen kleinen Bausteinen, den Aminosäuren. Diese werden für zahlreiche Prozesse im Körper benötigt, zur Aufrechterhaltung des Stoffwechsels, für den Erhalt des Gewebes und der Muskulatur. Zugleich sättigt Eiweiß (bezogen auf seinen Energiegehalt) besonders gut und ist daher sehr gut zum Abnehmen geeignet. Von den 20 Aminosäuren, aus denen die Eiweiße aufgebaut sind, kann unser Körper zwölf selbst herstellen, acht muss er über die Nahrung aufnehmen. Das sind die sogenannten essenziellen Aminosäuren. Sie unterstützen den Zell- und Gewebeaufbau im Körper und regen die Produktion lebenswichtiger Enzyme und Hormone an.

Hafer-Eiweiß kann gut zur Bildung von Eiweiß im Körper verwendet werden. Beispielsweise enthalten 100 Gramm Hafer 12,5 bis 13,7 Gramm biologisch hochwertiges Eiweiß. Davon sind etwa die Hälfte essenzielle Aminosäuren. Um eine optimale Zusammensetzung der Aminosäurezufuhr sicherzustellen, sollten Haferprodukte mit anderen Eiweißquellen kombiniert werden.

Ein weiter Vorteil: Hafer-Eiweiß enthält – anders als andere Getreidesorten – nicht den Eiweißbestandteil Gluten. Aus diesem Grund ist Hafer bei Zöliakie gut geeignet (siehe S. 25).

Fettsäuren

Der Fettgehalt von Hafer beträgt zwischen 5,8 und 9,1 Gramm pro 100 Gramm, wobei der Anteil der gesunden, ungesättigten Fettsäuren mit 5,2 bis 6,2 Gramm pro 100 Gramm besonders hoch ist. Die ungesättigten Fettsäuren im Hafer wiederum bestehen etwa zu gleichen Teilen aus einfach ungesättigten Fettsäuren (vor allem Ölsäure/Omega-9) und mehrfach ungesättigten Fettsäuren (vor allem Linolsäure/Omega-6).

Mikronährstoffe

Hafer und Haferprodukte enthalten große Mengen an Vitaminen, Mineralstoffen und Spurenelementen. In der Tabelle auf Seite 21 sind sie im Einzelnen aufgeführt, im Vergleich zu anderen Getreiden und mit dem empfohlenen Tagesbedarf.

Sekundäre Pflanzenstoffe und Antioxidantien

Hafer enthält weit über hundert verschiedene sekundäre Pflanzenstoffe und antioxidativ wirksame Substanzen, unter anderem aus der Gruppe

Eiweiß sättigt gut. Machen Sie sich dies zunutze und nehmen Sie mit unseren Hafer-Eiweiß-(HAWEI-)Rezepten ab. Infos dazu finden Sie hier: hawei.online

der Protease-Inhibitoren und der Saponine. Antioxidantien bieten Schutz gegen sogenannte freie Radikale, die für die Entstehung von unter anderem Herz-Kreislauf- und Krebserkrankungen mitverantwortlich gemacht werden. Zu den im Hafer reichlich vorkommenden Antioxidantien zählen Vitamin E sowie phenolische Verbindungen, wie Phytinsäure, Saponine und Flavonoide und die haferspezifischen Avenanthramide. Die meisten antioxidativen Substanzen im Hafer sind hitzeresistent und werden durch die Verarbeitung nicht beeinträchtigt.

Haferspezifische Anitoxidantien

Die haferspezifischen Antioxidantien Avenanthramide sind entzündungshemmend und unterstützen den Körper beim Abbau freier Radikale. Sie stimulieren die Bildung der gefäßerweiternden Substanz Stickstoffmonoxid und wirken über verschiedene Wege einer Gefäßverengung entgegen. Studien mit Frauen zeigen schützende Effekte der Avenanthramide bei starken muskulären Belastungen. Durch sportliche Aktivität ausgelöste Entzündungsreaktionen lassen sich eindämmen. Besonders Frauen nach den Wechseljahren mit einer geringeren Östrogenproduktion profitieren von der antioxidativen Wirkung der Avenanthramide.

Nährstoffgehalt verschiedener Getreidegattungen*

	Hafer	Gerste	Dinkel	Hirse	Weizen	Roggen
	Gehalt pro 100 Gramm Getreide					
Energie (Kilokalorien)	370–380	340–350	350–380	360–380	330–350	350–360
Kohlenhydrate (in Gramm)	59–69	63–77	62–73	64–75	71–75	75–77
davon Zucker (in Gramm)	0,7–1,1	0,8–1,7	1,0–1,7	1,3–1,7	1,0–1,7	1,0–1,1
Eiweiß (in Gramm)	12,5–13,7	9,9–11,2	13,1–13,5	10,8–11,2	9,6–10,8	9,8–10,9
Fett (in Gramm)	5,8–9,1	1,1–2,1	2,0–2,5	3,6–4,2	2,0–2,7	1,3–1,5
ungesättigte Fettsäuren (in Gramm)	5,2–6,2	1,0–1,2	0,5–1,0	0,9–2,9	1,0–1,5	0,8–0,9
Ballaststoffe (in Gramm)	8,1–12,0	8,7–10,1	8,4–9,3	8,5–10,0	8,6–10,6	8,0–11,8

*Getreidekörner sind Naturprodukte. Ihr Gehalt an Nährstoffen kann schwanken. In unseren Nährwerttabellen beziehen wir uns bei den Mikronährstoffen fast ausschließlich auf die frei zugänglichen Angaben des USDA (United States Department of Agriculture). Die Angaben zu den Makronährstoffen bilden die natürlichen Schwankungen der Naturprodukte ab und sind Ergebnis umfangreicher Recherchen unter Berücksichtigung der Angaben von Herstellern, der USDA, des Bundeslebensmittelschlüssels und der »Großen Wahrburg/Egert Kalorien- & Nährwerttabelle«.

**Mikronährstoffgehalt verschiedener Getreidegattungen*
und empfohlener Tagesbedarf (D-A-CH Referenzwerte)**

	Tagesbedarf Männer (25–51 Jahre)	Tagesbedarf Frauen (25–51 Jahre)	Hafer	Gerste	Dinkel	Hirse	Weizen-mehl	Roggen-mehl
			Gehalt pro 100 Gramm Getreide					
Vitamin A (in Mikro-gramm)	850	700	0,0	1,0	0,0	0,0	0,0	1,0
Karotin (in Mikro-gramm)	5100	4200	0,0	13,0	0,0	0,0	5,0	7,0
Vitamin E (in Milligramm)	14	12	0,5	0,0	0,2	0,1	1,0	0,9
Vitamin B1 Thiamin (in Milligramm)	1,2	1,0	0,3	0,2	0,3	0,4	0,4	0,3
Vitamin B2 Riboflavin (in Milligramm)	1,4	1,1	0,2	0,1	0,1	0,3	0,1	0,3
Vitamin B6 (in Milli-gramm)	1,6	1,4	0,1	0,3	0,2	0,4	0,4	0,3
Folsäure (in Mikro-gramm)	300	300	30	23	38	85	38	38
Natrium (in Milligramm)	1500	1500	2,5	9,0	3,0	5,0	2,0	2,0
Kalium (in Milligramm)	4000	4000	376	280	376	195	432	510
Kalzium (in Milligramm)	1000	1000	51	29	24	8	32	24
Magnesium (in Milli-gramm)	350	300	129	79	124	114	93	110
Phosphor (in Milli-gramm)	700	700	417	221	362	285	355	332
Eisen (in Milligramm)	10	15	3,8	2,5	2,2	3,0	4,6	2,6
Zink (in Milligramm)	14	8	2,8	2,1	3,6	1,7	3,3	2,7

WAS HAFER SO GESUND MACHT

Hafer ist für fast alle Menschen ein gesundes und verträgliches Lebensmittel. Dies liegt im Wesentlichen an seinem hohen Gehalt an Beta-Glucanen. Zahlreiche Studien haben gesundheitsbezogene Effekte von Hafer-Beta-Glucan untersucht, die in entsprechenden »Health Claims« Niederschlag gefunden haben.

Gesundheitsfördernde Wirkungen von Hafer

In folgenden Bereichen wirkt Hafer erwiesenermaßen positiv auf die Gesundheit:

- Typ-2-Diabetes, Insulinresistenz und Diabetesprävention
- Sättigungsgefühl und Gewicht
- Fettstoffwechselstörung
- Fettleber
- Bluthochdruck
- Magen-Darm-Beschwerden und Immunsystem
- Glutenunverträglichkeit – Zöliakie

Typ-2-Diabetes, Insulinresistenz und Diabetesprävention

Eindrucksvoll sind die Effekte von Hafer-Beta-Glucan auf die Stoffwechsellage bei Diabetes mellitus Typ 2. Dies gilt sowohl für die sogenannten Hafertage als auch für den Verzehr von Hafer-Beta-Glucan. Beobachtungen ergaben, dass sich tägliche Hafermahlzeiten positiv auf den Stoffwechsel bei Typ-2-Diabetes auswirken. In einer Studie war der tägliche Verzehr von 50 bis 100 Gramm Haferflocken mit einer kurz- und mittelfristigen Verbesserung der Stoffwechsellage bei Menschen mit Typ-2-Diabetes assoziiert.

Merke: In einer Studie verminderten sich bei einer Ernährung, die pro Tag mit 2,5 bis 3,5 Gramm Hafer-Beta-Glucan angereichert war, innerhalb eines Zeitraumes von drei bis acht Wochen die Nüchternblutzucker- und Langzeitzucker-Werte signifikant. Vermutlich geht die Blutzuckersenkung durch Hafer-Beta-Glucan mit einer Senkung der Insulinresistenz einher.

Hafer wird auch empfohlen für Frauen mit einem polyzystischen Ovarialsyndrom (PCO-Syndrom), das mit einer Insulinresistenz assoziiert ist. Durch den regelmäßigen Verzehr von Hafer lässt sich auch Typ-2-Diabetes vorbeugen. Beispielhaft ist eine Analyse, bei der der tägliche Verzehr von zwei Portionen Vollkorngetreide das Risiko für einen Typ-2-Diabetes halbierte.

Wirkung von Hafertagen bei Diabetes

Hervorragend belegt sind die Auswirkungen von Hafertagen bei Menschen mit Diabetes. Beispielhaft seien die Ergebnisse einer Studie bei Menschen mit insulinpflichtigem Typ-2-Diabetes genannt. Die Probanden nahmen an drei aufeinanderfolgenden Tagen täglich lediglich drei warme Haferbrei-Mahlzeiten mit nur wenig Gemüse und

Health Claims: gesundheitsbezogene Angaben zu Beta-Glucan

Seit 2002 bewertet die European Food Safety Authority (EFSA), eine Organisation der Europäischen Union, Lebensmittel auf gesundheitsassoziierte Effekte für den menschlichen Organismus und vergibt sogenannte Health Claims. Hersteller dürfen damit auf den Etiketten ihrer Produkte dafür werben, dass der Verzehr zu gesundheitlichen Vorteilen führen kann. Derzeit sind drei gesundheitsbezogene Angaben zu Beta-Glucanen durch die EU-Kommission zugelassen:

1. »Beta-Glucan aus Hafer senkt nachweislich den Cholesterinspiegel im Blut. Ein hoher Cholesterinspiegel ist ein Risikofaktor für die Entwicklung einer koronaren Herzkrankheit.«

Der Verbraucher ist darüber zu informieren, dass die positive Wirkung bei einer täglichen Aufnahme von 3 Gramm Hafer-Beta-Glucan erzielt wird. Die Angabe kann für Lebensmittel verwendet werden, die mindestens 1 Gramm Beta-Glucan aus Hafer pro quantifizierte Portion enthalten.

2. »Beta-Glucane tragen zur Aufrechterhaltung eines normalen Cholesterinspiegels im Blut bei.«

Die Angabe darf nur für Lebensmittel verwendet werden, die mindestens 1 Gramm Beta-Glucane aus Hafer, Haferkleie, Gerste, Gerstenkleie oder aus Mischungen dieser Quellen pro Portionsgröße enthalten. Der Verbraucher muss darüber informiert werden, dass die positive Wirkung bei einer täglichen Aufnahme von 3 Gramm Beta-Glucanen aus Hafer, Haferkleie, Gerste, Gerstenkleie oder aus Mischungen dieser Beta-Glucane erzielt wird.

3. »Der Verzehr von Beta-Glucanen aus Hafer oder Gerste als Teil einer Mahlzeit trägt dazu bei, den Anstieg des Blutzuckerspiegels nach dieser Mahlzeit zu verringern.«

Die Angabe darf nur für Lebensmittel verwendet werden, die mindestens 4 Gramm Beta-Glucane aus Hafer oder Gerste pro 30 Gramm verfügbarer Kohlenhydrate in einer quantifizierten Portion als Teil der Mahlzeit enthalten. Der Verbraucher muss darüber informiert werden, dass die positive Wirkung durch den Verzehr der Beta-Glucane aus Hafer oder Gerste als Teil der Mahlzeit erzielt wird.

Obst zu sich. Die Gesamttagesmenge an Haferflocken betrug 225 Gramm. Im Laufe der drei Hafertage konnte die Insulindosis halbiert werden. Zugleich sank der mittlere Blutzuckerwert um mehr als ein Drittel. Abgeschwächt waren diese Effekte auch noch einen Monat später nachweisbar. Wie Sie im Detail Hafertage durchführen und welche neuen Möglichkeiten Haferkorntage bieten, lesen Sie ab Seite 28.

Sättigungsgefühl und Gewicht

Hafer macht satt und kann beim Abnehmen helfen. Dies kann mit dem hohen Gehalt an Eiweiß, löslichen Ballaststoffen, Mineralstoffen, Vitaminen und sekundären Pflanzenstoffen zusammenhängen. In wissenschaftlichen Studien konnte gezeigt werden, dass mit steigenden Mengen an Beta-Glucan in der Nahrung (2–6 Gramm) vermehrt Sättigungshormone ausgeschüttet wurden.

Merke: Für eine gute Sättigung werden mindestens 2 Gramm Beta-Glucan pro Mahlzeit empfohlen.

Ernährungsformen, die reich an Vollkornprodukten sind, können eine Gewichtsabnahme unterstützen. Zu diesen Vollkornprodukten gehört auch der Hafer. Seine Ballaststoffe sind überwiegend fermentierbar, sodass sie von Darmbakterien verstoffwechselt werden und in der Folge die Wirkung appetitzügelnder Magen-Darm-Hormone erhöhen. Zudem quillt Hafer in Kontakt mit Flüssigkeit auf, der Speisebrei wird zähflüssiger und die Magenentleerung wird verlangsamt. Dies führt zu einer langsameren Aufnahme der Nährstoffe im Darm und einer langanhaltenden Sättigung. Zusätzlich beeinflusst Hafer-Beta-Glucan verschiedene Darmhormone, wodurch der Appetit, die Zuckerwerte nach dem Essen und das Körpergewicht sinken können.

Fettstoffwechselstörung

Cholesterin ist Teil des Fettstoffwechsels und ein wichtiger Risikofaktor für Schlaganfall und Herzinfarkt. Es wurde nachgewiesen, dass sich durch den regelmäßigen Verzehr von Hafer nach drei bis sechs Wochen eine Cholesterinsenkung um bis zu 15 Prozent erreichen lässt.

Merke: In einer Studie reduzierte der tägliche Verzehr von 3,5 Gramm Hafer-Beta-Glucan die LDL-Cholesterinwerte signifikant.

Der cholesterinsenkende Effekt von Hafer-Beta-Glucan ist durch mehrere Mechanismen erklärbar. Zum einen verzögern seine gelbildenden Eigenschaften die Magen-Darm-Passage und hemmen die Nährstoffaufnahme. Außerdem wird Cholesterin in Gallensäuren umgewandelt, die das Beta-Glucan im Darm binden, sodass sie vermehrt über den Stuhl ausgeschieden werden. Dies regt wiederum die Neusynthese von Gallensäuren aus Cholesterin an und der LDL-Cholesterin-Spiegel sinkt.

Eine Cholesterinsenkung kann Blutgefäße vor schädlichen Ablagerungen schützen und das Risiko für Herz-Kreislauf-Erkrankungen verringern.

> **Abnehmen ist schwer. Finden Sie heraus, warum das so ist und was Sie dagegen tun können: hawei.online**

Fettleber

Ballaststoffe verringern die Fettproduktion in der Leber, daher wirkt der Verzehr von Hafer mit seinem hohen Ballaststoffgehalt einer Fettleber entgegen. Auch das im Hafer enthaltene Cholin ist vorteilhaft, da es dazu beiträgt, überschüssige Fette aus der Leber abzutransportieren. Schließlich ist der hohe Eiweißgehalt von Hafer günstig. Bei Menschen mit Fettleber und Typ-2-Diabetes zeigte sich in einer Studie eine enge Korrelation zwischen einem hohen Eiweißgehalt in der Nahrung und einem verringerten Risiko für eine Fettleber.

Bluthochdruck

Merke: Der tägliche Verzehr von mindestens 3 Gramm Hafer-Beta-Glucan kann helfen, den Blutdruck zu regulieren. In einer Studie war die sechswöchige zusätzliche Gabe von Beta-Glucan mit einer nachweisbaren Senkung der Blutdruckwerte verbunden. Hafer-Beta-Glucan regt die Stickstoffmonoxid-Produktion an, wodurch sich die Blutgefäße erweitern und der Blutdruck sinkt. Mitverantwortlich für Wirkungen des Hafers bei Bluthochdruck ist auch der sekundäre Pflanzenstoff Avenanthramid (siehe S. 19 f.).

Darmgesundheit

Die schützende Wirkung von Hafer auf den Magen-Darm-Trakt ist schon lange bekannt. Hafer stärkt das Mikrobiom (Darmflora). Das sind die Milliarden von Mikroorganismen und Bakterien, die die menschliche Darmwand besiedeln. Das Mikrobiom hat enormen Einfluss auf die Gesundheit und ist in den letzten Jahren in den Fokus der Forschung gerückt.

Beta-Glucan wirkt prebiotisch, das heißt es hemmt das Wachstum von ungünstigen Darmbakterien und nimmt so Einfluss auf die Zusammensetzung des Mikrobioms. Der Verzehr von Beta-Glucan erhöht den Anteil an Laktobazillen, Bifidobakterien sowie der kurzkettigen Fettsäure Butyrat (Buttersäue) im Darm. Butyrat fördert eine gesunde Darmschleimhaut und wirkt vorbeugend gegen Krebs. Außerdem verringert es den Appetit. Das Mikrobiom von Menschen mit Typ-2-Diabetes weist im Vergleich zu Kontrollgruppen eine geringere Konzentration an Butyrat-produzierenden Darmbakterien auf. Möglicherweise entfaltet Hafer seine positiven Effekte auch aufgrund seines hohen Gehaltes an Kieselsäure, welche die Barrierefunktion der Darmwand stärkt.

Merke: Zur Förderung der Darmgesundheit wird der Verzehr von mindestens 3 Gramm Hafer-Beta-Glucan täglich empfohlen.

Immunsystem

Das Immunsystem ist das Abwehrsystem unseres Körpers gegen Krankheitserreger. Dabei spielen viele verschiedene Komponenten zusammen. Hafer-Beta-Glucan kann Einfluss auf die Funktion der Zellen des Immunsystems nehmen: die Makrophagen, Neutrophilen, Monozyten, natürlichen Killerzellen und dendritischen Zellen. Zugleich kann ein intaktes Mikrobiom das Immunsystem stärken und den Angriff von Abwehrzellen auf körpereigene Zellen hemmen. Auf diese Weise nimmt das Mikrobiom Einfluss auf Allergien und Autoimmunerkrankungen.

Außerdem trägt Beta-Glucan zur Vermehrung von Bifidobakterien und kurzkettigen Fettsäuren bei. Beides stärkt das Immunsystem.

Glutenunverträglichkeit – Zöliakie

Hafer ist eine gute Alternative, wenn andere Getreidesorten nicht vertragen werden. Die bedeutsamste Form der Getreideunverträglichkeit ist die Zöliakie, eine Glutenunverträglichkeit, bei der das körpereigene Immunsystem den Dünndarm angreift. Manche Betroffene entwickeln keinerlei erkennbare Symptome, andere haben Blähungen, Durchfall, Fettstühle, Bauchschmerzen, Übelkeit, Appetitlosigkeit oder Muskelschwäche. Unabhängig von den Symptomen müssen Menschen mit einer Zöliakie konsequent Gluten meiden. Andernfalls besteht die Gefahr, dass sich die Zotten der Darmschleimhaut zurückbilden, die Folge sind eine verminderte Nährstoffaufnahme und Mangelerscheinungen. Am meisten gefürchtet ist der Anstieg des Risikos, an Darmkrebs zu erkranken.

Achten Sie auf den Aufdruck »glutenfrei«!

Wenn Sie von einer Zöliakie betroffen sind, sollten Sie bei der Verwendung von Haferprodukten auf den Aufdruck »glutenfrei« achten. Zwar enthält Hafer kein Gluten, allerdings kann es bei der Herstellung von Haferprodukten zu Verunreinigungen kommen – wenn zum Beispiel das Hafergetreide auf Feldern angebaut wird, die zuvor für andere Getreidegattungen genutzt wurden, oder wenn in der Mühle zusätzlich glutenhaltige Getreidegattungen gemahlen werden. Bei Haferprodukten, die als glutenfrei bezeichnet sind, ist dies ausgeschlossen.

Welche Getreidesorten enthalten Gluten?

- Glutenhaltige Getreidesorten: Weizen, Roggen, Gerste, Dinkel, Grünkern
- Glutenfreie Getreidesorten: Hafer, Hirse

HAFERTAGE – SEIT MEHR ALS 100 JAHREN

Hafertage wurden erstmals im Jahr 1903 von dem deutschen Diabetologen Carl von Noorden beschrieben. Der Arzt machte bei zwei seiner Patienten mit Diabetes mellitus die zufällige Beobachtung, dass Hafersuppen die Ausscheidung von Zucker im Urin reduzierten. In der Folge wurden Hafertage zu einem festen Bestandteil der Diabetestherapie seiner Zeit und bis zum Jahr 1921 mehrfach durch von Noorden modifiziert.

Strenge Hafertage

In von Noordens zuletzt veröffentlichten Version beinhalteten die »strengen Hafertage«, wie sie heute genannt werden, an zwei bis vier aufeinander folgenden Tagen den Verzehr von 225 Gramm Haferflocken täglich, verteilt auf drei Mahlzeiten. Die Haferflocken wurden mit jeweils 500 Milliliter Wasser oder Brühe angerührt und lediglich mit frischen Kräutern und Gewürzen abgeschmeckt. Auf andere Zugaben sollte vollständig verzichtet werden. Es können kernige und zarte Haferflocken verwendet werden sowie Haferkleie-Produkte.

Der Abstand zwischen den Mahlzeiten sollte mindestens vier Stunden betragen, Zwischenmahlzeiten sind nicht zulässig. Auf reichliches Trinken im Tagesverlauf – mindestens 2 Liter Wasser oder ungesüßter Tee – ist zu achten. Ausgenommen sind Menschen, die aufgrund einer Herz- oder Nierenschwäche ihre Trinkmenge begrenzen müssen.

Durchführung eines strengen Hafertages (nach Carl von Noorden)

- 3 Mahlzeiten mit je 75 Gramm Haferflocken
- jeweils mit 500 Milliliter Wasser oder Brühe zubereitet
- nur Zugabe von Kräutern oder Gewürzen
- keine Zugabe von Salz, Zucker oder anderen Süßungsmitteln
- kein zusätzliches Eiweiß
- kein zusätzliches Fett
- 2 bis 4 Hafertage hintereinander

Gemäßigte Hafertage

Nachdem 1921 Insulin als Medikament entdeckt und Bestandteil der Diabetestherapie wurde, verloren Hafertage an Bedeutung. Doch in den zurückliegenden zwei bis drei Jahrzehnten erleben sie in der Behandlung von Diabetes eine Renaissance, allerdings in einer modifizierten Version.

Bei den »gemäßigten Hafertagen« gibt es dreimal täglich eine Hafermahlzeit mit jeweils 60 bis 80 Gramm Haferflocken. Diese werden ergänzt mit jeweils 50 Gramm Gemüse bzw. Beeren oder mit 20 Gramm Nüssen. Kleine Mengen an Süßungsmitteln, Zitronensaft und Kräutern sind erlaubt. Beim Gemüse sollte auf allzu kohlenhydratreiche Gemüsesorten verzichtet werden.

Meist wird empfohlen, zwei bis drei Hafertage hintereinander durchzuführen und dies möglichst alle vier Wochen zu wiederholen.

Durchführung eines gemäßigten Hafertages

- 180–240 Gramm Haferflocken am Tag, verteilt auf drei Mahlzeiten, also 60–80 Gramm Haferflocken pro Mahlzeit
- jeweils mit 300–500 Milliliter Wasser oder Gemüsebrühe zubereitet
- gewürzt mit Süßstoff, Zitronensaft oder Kräutern in kleinen Mengen
- angereichert mit Gemüse, Beeren (max. 50 Gramm) oder Nüssen (max. 20 Gramm)
- keine anderen Kohlenhydrate, Fette oder Eiweiß
- kein Alkohol
- 2 oder 3 Hafertage hintereinander
- statt Gemüsebrühe auch Instantbrühe erlaubt
- etwas Salz zum Würzen erlaubt

Anleitungen zur Durchführung der Hafertage finden Sie hier: hafertage.com

Individuelle Hafertage

An einem Hafertag nehmen Sie durchschnittlich 1000 Kalorien zu sich. Bemerkenswerterweise reicht das meist aus, um satt zu werden. Probieren Sie aus, wie viel Sie pro Mahlzeit brauchen, das kann im Laufe des Tages variieren. Ich empfehle eine Haferflockenmenge zwischen 50 und 100 Gramm. Damit sind wir bei den individuellen Hafertagen.

Die Hafertage sind wenig abwechslungsreich und nicht einfach durchzuhalten. Sie können sie aber in einem bestimmten Rahmen etwas individueller gestalten, zum Beispiel die Zutaten des gemäßigten Hafertages zusätzlich mit 100 Milliliter Haferdrink und 5 Gramm Zartbitterschokolade kombinieren.

Bessere Zuckerwerte und weniger Kilos auf der Waage

In meiner Schwerpunktpraxis für Diabetes und Ernährungsmedizin in Münster habe ich viele Patienten mit Typ-2-Diabetes, die durch Hafertage ihre Insulinmengen verringern konnten bzw. deren Zuckerwerte deutlich sanken. Auch das Körpergewicht sinkt durch Hafertage deutlich, und zwar nachhaltig. Dieser Effekt hält wie auch die niedrigeren Zuckerwerte über Wochen an. Mittlerweile empfehle ich meinen übergewichtigen Patienten, zu Beginn einer Ernährungsumstellung mit ein oder zwei Hafertagen zu starten, unabhängig davon, ob sie einen Diabetes haben oder nicht. Wie ist dies zu erklären? Eine wesentliche Rolle spielt Hafer-Beta-Glucan. Es vermindert eine Insulinresistenz und trägt damit zur Senkung von Blutzucker und Körpergewicht bei. An einem einzigen Hafertag werden 10 Gramm Beta-Glucan aufgenommen.

Die Deutsche Diabetes Gesellschaft (DDG) rät in ihren Praxisempfehlungen, zum Durchbrechen einer Insulinresistenz zweitägige Haferkuren einzulegen. Die Hafertage seien »sehr effektiv«.

Hafertage und Insulintherapie

Wenn Sie Insulin spritzen, machen Sie Ihre ersten Hafertage immer unter ärztlicher Begleitung. Bedenken Sie die Gefahr von Unterzuckerungen! Zudem sollten Sie an den Hafertagen nicht akut erkrankt sein und sich gesundheitlich fit fühlen. Die Senkung der Blutzuckerwerte bzw. Insulinmengen kann rund vier Wochen anhalten.

HAFERKORNTAGE

Viele, die zum ersten Mal Hafertage machen, berichten überrascht, wie satt und wohl sie sich an diesen Tagen fühlen. Dennoch werden Hafertage vergleichsweise selten durchgeführt. Woran liegt das? Die Antwort ist einfach. Die Mahlzeiten sind auf Dauer eintönig, manche Menschen finden sie einfach nicht lecker oder stören sich an der cremig-schleimigen Konsistenz des Haferbreis. Deshalb haben wir die Durchführung der Hafertage modifiziert und die sogenannten HaferKORNtage entwickelt. Die Zutaten entsprechen denen der individuellen Hafertage, mit einer wichtigen Ausnahme: Anstelle von Haferflocken wird mit ganzen Haferkörnern gekocht.

Körner statt Flocken

Ganze Haferkörner haben verschiedene Vorteile gegenüber Haferflocken. Sie sind weniger verarbeitet und somit ist der Nährstoffgehalt der Körnermahlzeiten höher. Vor allem aber bieten ganze Haferkörner mehr Abwechslung bei den Rezepten, da sie anders in Konsistenz und Geschmack sind. Damit ist eine Haferkornsuppe eine gute Alternative zu einer herkömmlichen Mahlzeit mit Haferflocken. Auch ein Porridge erhält durch Haferkörner einen guten Biss und kann mit Gewürzen, Kräutern und Toppings lecker angereichert und vielfältig variiert werden.

An den Haferkorntagen sind keine anderen Kohlenhydrate, Fette oder Eiweiße erlaubt, Sie können wählen zwischen Haferkornsuppe sowie warmem und kaltem Porridge. Diese dürfen aber individuell angepasst werden, damit Sie die Haferkorntage gut durchhalten können. Für die besten Resultate gilt: So schmackhaft wie nötig, aber so streng wie möglich. Selbstverständlich ist es sinnvoll und möglich, innerhalb eines Hafertages Mahlzeiten mit Haferflocken und solche mit Haferkörnern abzuwechseln.

Haferkörner vorkochen

Wie bei den meisten meiner Haferkorn-Rezepte empfehle ich auch für die Haferkorntage, eine große Portion Haferkörner vorzukochen. So bringen Sie jederzeit innerhalb von Minuten eine warme oder kalte Mahlzeit auf den Tisch, außerdem haben vorgegarte Haferkörner den Vorteil, dass sie resistente Stärke enthalten (siehe S. 18). Die genaue Anleitung, wie Haferkörner vorgegart werden, finden Sie ab Seite 34.

Haferkornsuppe

Eine Haferkornsuppe ist herzhaft und daher als Mittag- oder Abendessen gut geeignet. Mit vorgegarten Haferkörnern ist sie in 15 Minuten fertig, ansonsten dauert es 30 Minuten länger. Achten Sie bei Gewürzmischungen darauf, dass kein Zucker zugesetzt ist.

Haferkornsuppe mit vorgegarten Haferkörnern

Geben Sie 100–200 Gramm vorgegarte Haferkörner mit 200–300 Milliliter Salzwasser oder Brühe in einen Topf und lassen dies kurz aufkochen. Fügen Sie 100 Gramm geschnittenes Gemüse hinzu und würzen Sie die Suppe nach Belieben mit Sojasauce, Misopaste, Gewürzen (z. B. Curry, Chili, Kurkuma), Kräutern (z. B. Rosmarin, Petersilie, Basilikum), Salz und Pfeffer und/oder Zitronensaft. Danach lassen Sie die Suppe 5–10 Minuten köcheln, bis das Gemüse gar ist.

Haferkornsuppe mit rohen Haferkörnern

Geben Sie 50–100 Gramm rohe Haferkörner in 300–500 Milliliter Salzwasser oder Brühe in einen Topf und bringen dies zum Kochen. Lassen Sie die Haferkörner 35 Minuten köcheln, dann geben Sie 100 Gramm geschnittenes Gemüse hinzu. Würzen Sie die Suppe nach Belieben mit Sojasauce, Misopaste, Gewürzen (z. B. Curry, Chili, Kurkuma), Kräutern (z. B. Rosmarin, Petersilie, Basilikum), Salz und Pfeffer und/oder Zitronensaft. Lassen Sie die Suppe noch 5–10 Minuten köcheln, bis das Gemüse die gewünschte Konsistenz hat.

Haferkornsuppe und Haferkornporridge: Anleitungen zur Durchführung der Haferkorntage finden Sie hier: haferkoerner.de

Der warme Haferkornporridge

Haferkornporridge ist das Richtige für all diejenigen, denen die Konsistenz des klassischen Porridges mit Haferflocken nicht zusagt. Er bietet Freiraum für viele Kombinationen. Die warme Version schmeckt sowohl süß als auch herzhaft sehr lecker.

Gemüsebrühe selbst machen

Wenn Sie Spaß am Selbstmachen haben, können Sie im Handumdrehen ein Gemüsebrühepulver zaubern:
Für 100 Gramm Gemüsebrühepulver geben Sie 70 Gramm getrocknetes Suppengemüse, 30 Gramm Salz und wahlweise etwas Kurkuma in einen Mixer und mahlen es zu einem feinen Pulver. Für 500 Milliliter Brühe brauchen Sie einen gestrichenen Esslöffel Gemüsebrühepulver.

Warmer Haferkornporridge mit vorgegarten Haferkörnern

Erhitzen Sie 100–200 Gramm vorgegarte Haferkörner mit etwa 100 Milliliter Haferdrink und lassen Sie das Ganze 5–10 Minuten köcheln. Für eine cremigere Konsistenz fügen Sie etwas Schmelz- oder zarte Haferflocken hinzu. Den fertigen Porridge toppen Sie mit 50 Gramm Beeren, 20 Gramm Nüssen oder 5 Gramm Zartbitterschokolade. Gewürze (z. B. Zimt, Muskat, Ingwer) und Zitronensaft sind ebenfalls erlaubt.

Für eine herzhafte Variante geben Sie statt der süßen Zutaten 100 Gramm geschnittenes Gemüse in den Porridge und erwärmen ihn kurz. Fast alle Gemüsesorten sind geeignet. Abschmecken können Sie mit diversen Kräutern (z. B. Rosmarin, Petersilie) und Gewürzen (z. B. Curry, Chili, Kurkuma), Salz, Pfeffer und Zitronensaft.

Warmer Haferkornporridge mit rohen Haferkörnern

Garen Sie 50–100 Gramm rohe Haferkörner 35 Minuten in 100–200 Milliliter Salzwasser. Anschließend geben Sie etwa 100 Milliliter Haferdrink dazu und lassen den Porridge weitere 5–10 Minuten köcheln. Auch hier können Sie Schmelz- oder Haferflocken, Gewürze und Zitronensaft zugeben. Sind die Haferkörner gar, wird der Porridge mit maximal 50 Gramm Beeren, 20 Gramm Nüssen oder 5 Gramm Zartbitterschokolade getoppt. Für einen herzhaften Haferporridge kochen Sie 100 Gramm geschnittenes Gemüse nach Wahl mit und würzen mit Kräutern (z. B. Rosmarin, Petersilie), Salz und Pfeffer.

Der kalte Haferkornporridge

Der kalte Porridge schmeckt am besten süß und kann ebenfalls mit vorgegarten oder rohen Haferkörnern zubereitet werden.

Kalter Haferkornporridge mit vorgegarten Haferkörnern

Der kalte Porridge mit vorgegarten Haferkörnern ist blitzschnell fertig. Geben Sie 100–200 Gramm vorgegarte Haferkörner in eine Schale und fügen Sie nach Ihrem Geschmack Gewürze (z. B. Zimt, Muskat oder Ingwer) und/oder etwas Zitronensaft hinzu. Wenn Sie es etwas milchiger und cremiger mögen, rühren Sie Schmelz- oder Haferflocken und/oder bis zu 100 Milliliter Haferdrink darunter. Toppen dürfen Sie das Ganze mit 50 Gramm Beeren, 20 Gramm Nüssen und/oder 5 Gramm Zartbitterschokolade.

Kalter Haferkornporridge mit rohen Haferkörnern

Der kalte Porridge mit rohen Haferkörnern braucht etwas Zeit. Kochen Sie 50–100 Gramm rohe Haferkörner etwa 40 Minuten in 100–200 Milliliter Salzwasser. Geben Sie kurz vor Schluss für eine cremigere Konsistenz etwas Schmelz- oder Haferflocken hinzu und verfeinern Sie den Porridge mit Gewürzen (z. B. Zimt, Muskat oder Ingwer) und/oder etwas Zitronensaft – lassen Sie es noch wenige Minuten köcheln, bis sich alles gut vermengt hat. Nehmen Sie den Topf vom Herd, lassen Sie den Porridge etwas abkühlen, dann lassen Sie ihn mindestens 2 Stunden oder über Nacht im Kühlschrank weiter auskühlen.

Vor dem Genießen fügen Sie bis zu 100 Milliliter Haferdrink, 50 Gramm Beeren, 20 Gramm Nüsse und/oder 5 Gramm Zartbitterschokolade hinzu.

Tipps zum Verfeinern

Testen Sie sich durch die unterschiedlichen Gewürze und Toppings und finden Sie heraus, welche Kombination Ihnen am besten schmeckt.

Um Ihren Porridge auch außerhalb der Saison mit Beeren zu genießen, können Sie Tiefkühlprodukte verwenden. Geben Sie die gewünschte Portion direkt in den Topf zum warmen Porridge oder erwärmen Sie die Beeren separat und toppen den Haferkornporridge damit. Für kalten Porridge tauen Sie die Beeren über Nacht im Kühlschrank auf.

HAFERKORNTAGE

Haferkornsuppe

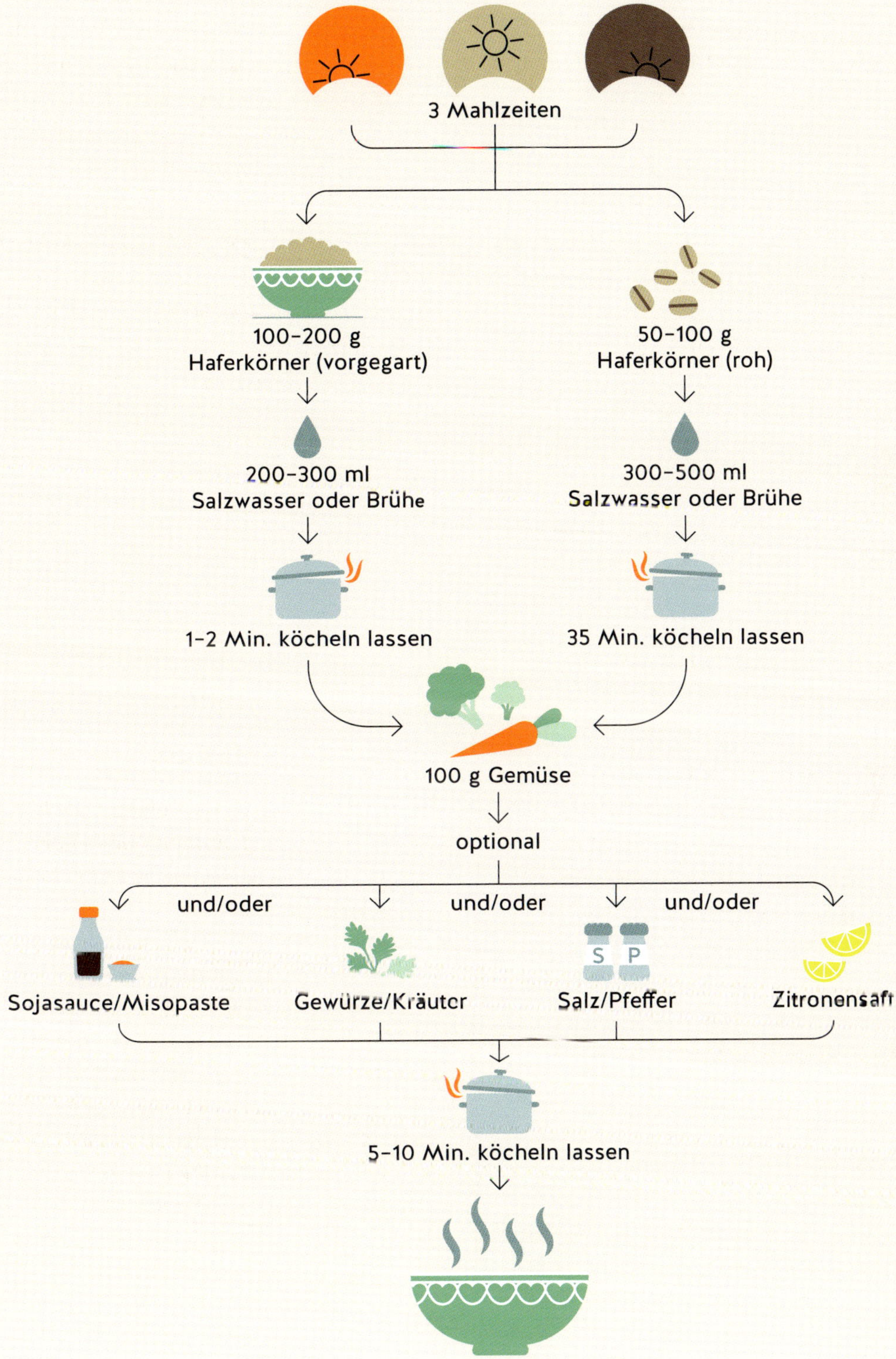

HAFERKORNTAGE

Haferkornporridge kalt

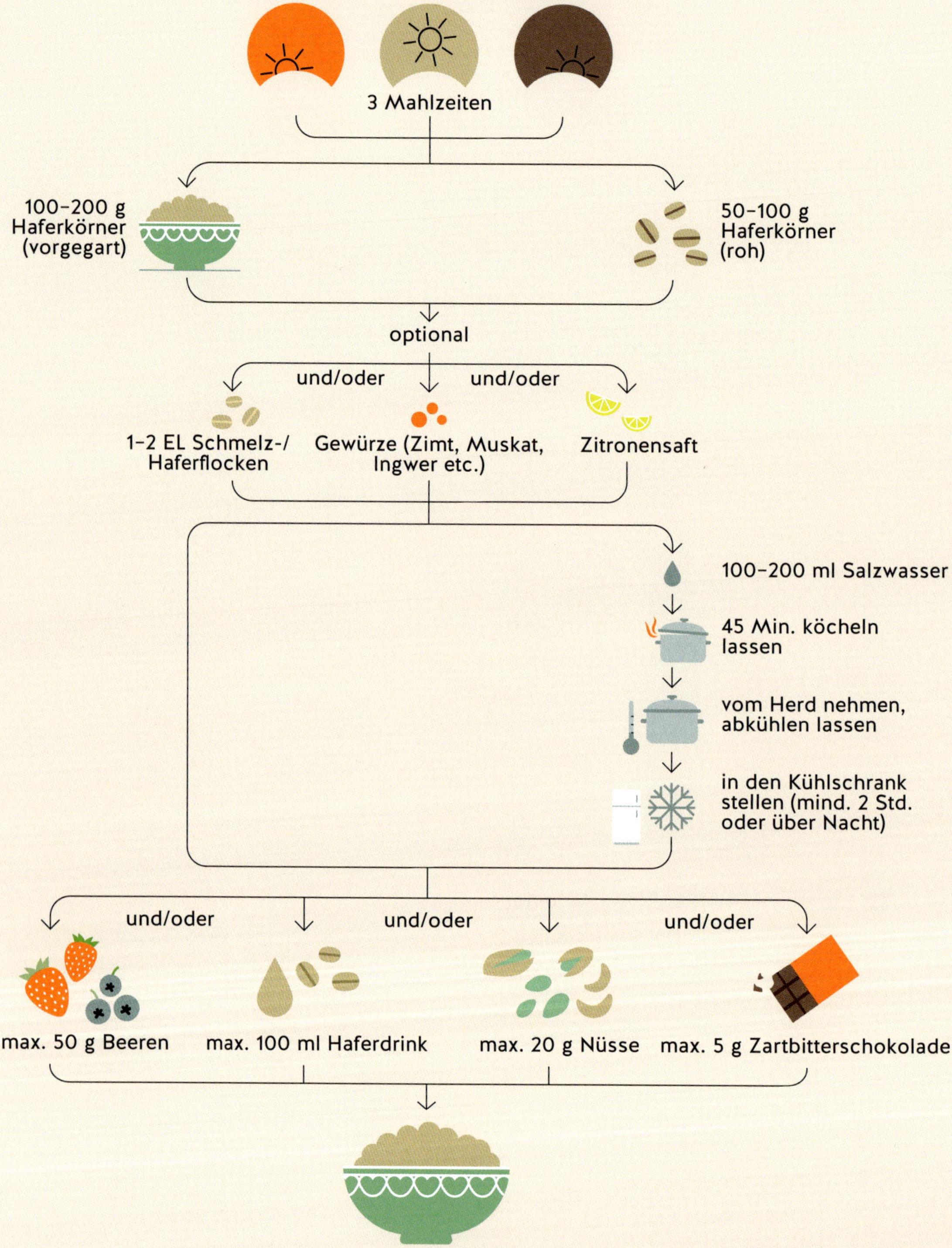

HAFERKORNTAGE

Haferkornporridge warm

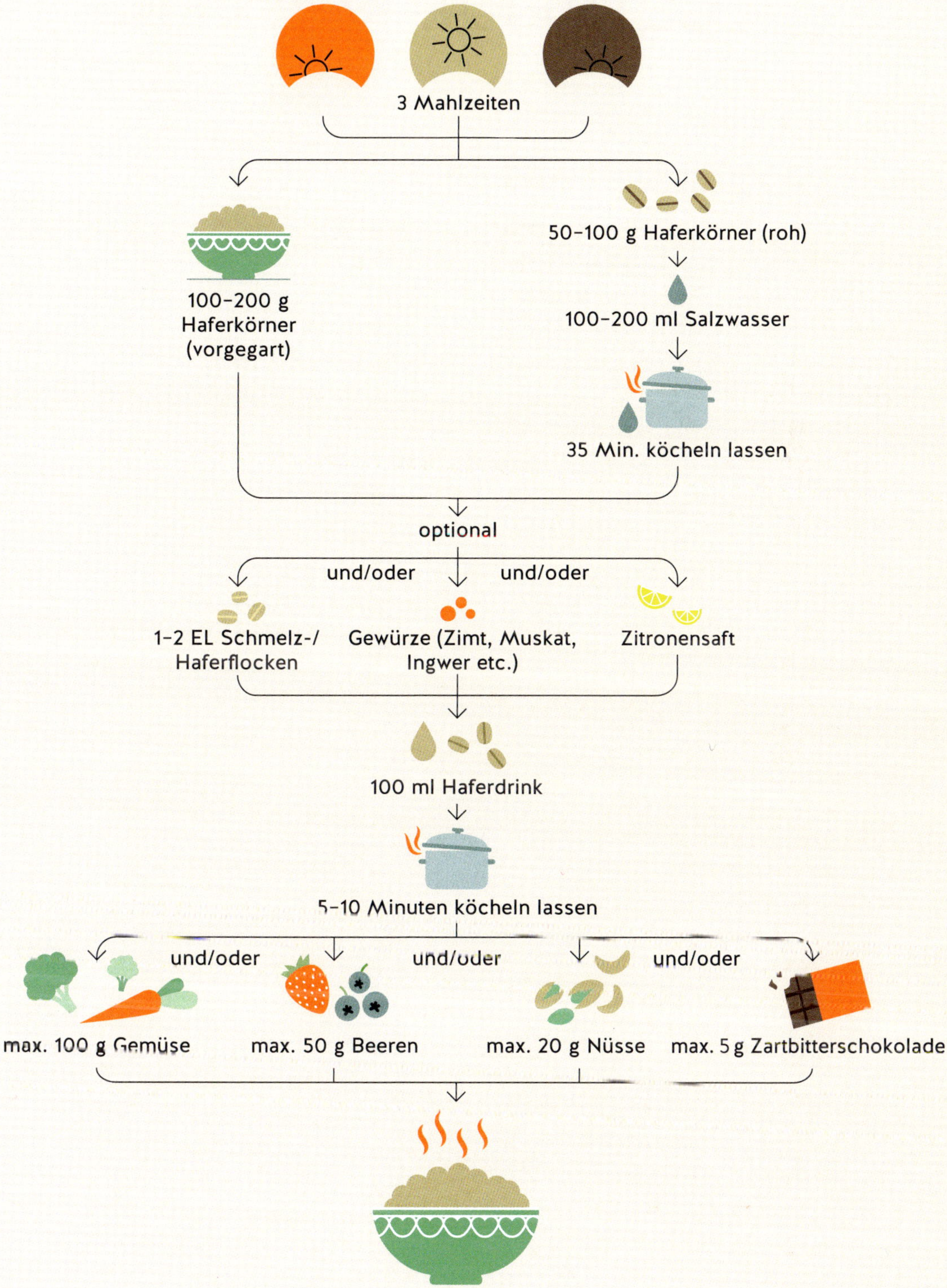

HAFERKÖRNER UND WEITERE GETREIDE KOCHEN

Das Kochen mit Haferkörnern ist in Vergessenheit geraten. Dabei ist es ganz einfach. Es gilt nur ein paar Dinge zu beachten. So unterscheiden sich die 35 verschiedenen Hafersorten im Geschmack und in der Zubereitung voneinander, insbesondere gilt dies für Nackthafer und Saathafer. Selbst innerhalb derselben Sorte kann es deutliche Schwankungen geben – Haferkörner sind eben ein Naturprodukt. Dies gilt insbesondere für die Zubereitungszeiten.

Die Geschmäcker sind verschieden

Wie bei Nudeln und Reis, gibt es auch bei Haferkörnern individuelle Vorlieben, was die Garzeit angeht: Die einen mögen die Körner mit etwas mehr Biss, quasi al dente, andere lieben es etwas weicher. Wenn Sie kurz vor Ende der Garzeit eine kleine Kostprobe nehmen, können Sie die Körner bei Bedarf noch einige Minuten köcheln lassen. Bedenken Sie dabei: Je länger die Körner garen, desto mehr Wasser verdampft. Geben Sie also bei Bedarf noch etwas Wasser dazu.

Wie werden Haferkörner zubereitet?

Haferkörner können geröstet oder gekocht werden. Gekocht sind Haferkörner genauso vielfältig zu verwenden wie Reiskörner, nur dass Haferkörner mehr Biss haben und saftiger sind. Sie schmecken nussig-aromatisch, typisch nach Hafer eben. Vor allem aber punktet Hafer mit seinem gesundheitlichen Nutzen (siehe S. 22–25).

Bei allen Vorzügen haben Haferkörner einen nicht unerheblichen Nachteil: Mit 40–45 Minuten ist die Garzeit deutlich länger als bei Reis, Nudeln oder Kartoffeln. Doch es gibt drei Möglichkeiten, um dies auszugleichen.

- Beim Kochen im Reiskocher oder im Schnellkochtopf lässt sich die Zubereitungszeit ungefähr halbieren.
- Eine gute Alternative ist Haferreis mit einer Garzeit von 10–12 Minuten.
- Am einfachsten ist es, die Haferkörner vorzugaren. Kochen Sie eine große Portion an Haferkörnern und stellen Sie diese gut verschlossen in den Kühlschrank. Bei Bedarf entnehmen Sie die gewünschte Menge.

Verhältnis 1:2

In der Regel beträgt das Verhältnis Hafer zu Wasser 1:2. Also kommen auf 1 Tasse Haferkörner 2 Tassen Wasser in den Topf. Falls nicht die ganze Flüssigkeit verdampft, schütten Sie diese nach dem Kochen ab. Auch das Verhältnis der rohen Körner zu den gegarten Körnern beträgt 1:2 – durch das Kochen verdoppelt sich das Gewicht der Haferkörner.

Kochen im Kochtopf

Vor dem Kochen waschen Sie die Haferkörner immer gut in einem Sieb ab. Dann werden sie in einem Topf mit der doppelten Menge Wasser aufgekocht und garen bei mittlerer Hitze im geschlossenen Topf 40–45 Minuten. Damit die Haferkörner nicht am Topfboden festkleben, gelegentlich vorsichtig umrühren. Geben Sie erst in den letzten 10 Minuten Salz dazu, dann ist die Garzeit kürzer.

Für eine optimale Konsistenz nehmen Sie den Topf nach dem Kochen vom Herd und lassen die Körner bei geschlossenem Deckel noch etwas ziehen. Dadurch nehmen die Körner das Wasser besser auf. Anschließend schütten Sie die Haferkörner in ein Sieb und schrecken sie mit kaltem Wasser ab. Nun können Sie die Haferkörner direkt weiterverarbeiten oder Sie lassen sie vollständig abkühlen und stellen sie gut verschlossen in den Kühlschrank.

Kochen mit Brühe

Für herzhafte Gerichte kann an Stelle von Salzwasser auch Brühe verwendet werden. Fleischbrühe zum Beispiel gibt mehr Geschmack, Japaner würden sagen »Umami«. Rinderbrühe passt zu Gerichten mit Speck, Hühnerbrühe gut zu Geflügelgerichten. Ebenso geeignet ist die klassische Gemüsebrühe, die gut mit vegetarischen Gerichten und Fisch harmoniert.

Kochen im Reiskocher

Beim Kochen im Reiskocher halbiert sich die Garzeit im Vergleich zum Kochtopf. Die abgewaschenen Haferkörner mit der doppelten Menge an Wasser oder Brühe in einen Reiskocher geben und starten. Beim Kochen von Haferkörnern kann es etwas spritzen. Füllen Sie den Reiskocher daher nicht zu voll bzw. achten Sie darauf, dass er verschlossen ist.

Garzeiten variieren

Je nachdem, wie lange die Haferkörner kochen, haben sie mehr oder weniger Biss. Werden sie sehr lange gekocht, nehmen sie eine ähnliche Konsistenz wie Reiskörner an. Finden Sie heraus, wie Ihnen Haferkörner am besten schmecken. Variieren Sie auch je nach Gericht. Manche Gerichte schmecken besser mit viel Biss (z. B. Bolognese-Sauce), andere sind leckerer mit weniger Biss (z. B. Sushi, Nachtisch).

Kochen im Schnellkochtopf

Im Schnellkochtopf lässt sich die Garzeit von Haferkörnern auf rund 10 Minuten verkürzen. Dies gilt auch für Dinkel, Gerste und Grünkern. Bei Hirse geht es sogar noch ein bisschen schneller.

Die abgewaschenen Haferkörner mit der doppelten Menge an Wasser oder Brühe in den Schnellkochtopf geben. Achten Sie darauf, dass die maximale Füllmenge (meist 2/3) nicht überschritten und die Mindestfüllmenge nicht unterschritten werden darf.

Schließen Sie den Topf und stellen Sie die gewünschte Garstufe ein. Zunächst entweicht noch Dampf über das Ventil, doch sobald die richtige Temperatur erreicht ist, schließt das Ventil und Druck baut sich auf. Wenn der Schnellkochtopf anzeigt, dass die gewünschte Garstufe erreicht ist, reduzieren Sie die Temperatur der Herdplatte. Beginnt das große Ventil auf dem Deckel des Topfes zu zischen, reduzieren Sie die Temperatur auf ein Minimum. Nach Ende der Garzeit stellen Sie die Hitze aus und öffnen das Ventil. Warten Sie, bis der Dampf vollständig entwichen ist, entriegeln Sie erst dann den Griff und nehmen den Deckel ab.

Haferreis kochen

Haferreis wird wie Haferkörner gekocht, er ist jedoch sehr viel schneller gar. Den Haferreis abwaschen, in einem Topf mit der doppelten Menge Wasser und etwas Salz kurz kochen und mit Deckel für 10–12 Minuten auf mittlerer Hitze weiterkochen und gelegentlich vorsichtig umrühren, damit er nicht am Topfboden kleben bleibt. Für eine optimale Konsistenz nehmen Sie den Topf nach der Kochzeit vom Herd und lassen den Haferreis mit geschlossenem Deckel noch etwas ziehen. Danach können Sie den Haferreis abschrecken.

Haferreis eignet sich besonders für Risotto, Paella und Milchhafer. Wenn Sie die trockenen Haferreiskörner zunächst in der Pfanne andünsten und dann im Sud der Beilagen kochen, werden die Gerichte cremig und geschmackvoll.

Gerste, Dinkel, Grünkern und Hirse kochen

Gerste kochen

Hafer- und Gerstenkörner ähneln sich sehr, daher wird Gerste genauso zubereitet wie Hafer. Beide Sorten können gut zusammen gekocht werden.

Gerstengraupen

Beim Schleifen und Polieren verlieren die Gerstenkörner einen Teil ihrer Schale. Graupen haben daher, ähnlich wie Haferreis, eine kürzere Garzeit.

Dinkel kochen

Grundsätzlich können in allen Rezepten in diesem Buch anstelle von Haferkörnern auch Dinkelkörner verwendet werden. Die Schale ist etwas fester als die vom Haferkorn, sodass wir empfehlen, das Dinkelkorn ein wenig länger zu kochen, also ungefähr 50–55 Minuten. Dinkel fehlt der leckere Hafergeschmack, doch über Geschmack lässt sich bekanntlich streiten.

Dinkelkörner eignen sich bestens als Grundlage einer bunten Bowl oder für ein saftiges Körnerbrot. Die Empfehlungen zum Kochen entsprechen denen der Haferkörner. Dies gilt insbesondere für die Variationen hinsichtlich Brühe, Vorkochen oder Garen im Reiskocher.

Grünkern kochen

Das für Dinkelkörner Gesagte gilt auch für Grünkern. Grundsätzlich können Sie alle Rezepte auch mit Grünkern zubereiten, aufgrund ihrer nussig-rauchigen Note eignen sie sich besonders für Bratlinge und als Beilage. Die Garzeit entspricht am ehesten der der Haferkörner.

Hirse kochen

Hirsekörner unterscheiden sich in Größe, Aussehen und Konsistenz grundlegend von den anderen drei in diesem Buch beschriebenen Getreidekörnern. Entsprechend unterschiedlich sind die Kocheigenschaften.

Hirsekörner werden mit Wasser im Verhältnis 1:2,5 kurz aufgekocht und garen dann 15 Minuten im geschlossenen Topf. Den Topf vom Herd nehmen und die Hirse weitere 15 Minuten im geschlossenen Topf quellen lassen.

Klassisch wird Hirse als süßer Frühstücksbrei zubereitet, dafür kann das Wasser durch Haferdrink ersetzt werden. Hirsebrei schmeckt aber auch in herzhaften Varianten als Beilage.

GETREIDE KOCHEN – SO GEHT'S

Haferkörner im Kochtopf
250 g Haferkörner abwaschen
500 ml Wasser, ½ TL Salz
Im Topf aufkochen, mit Deckel 40–45 Min. köcheln; ziehen lassen, abschrecken

Haferkörner im Reiskocher
250 g Haferkörner abwaschen
500 ml Wasser, ½ TL Salz
20–30 Min. köcheln, ziehen lassen, abschrecken

Haferkörner im Schnellkochtopf
250 g Haferkörner abwaschen
500 ml Wasser, ½ TL Salz
10–12 Min. köcheln, ziehen lassen, abschrecken

Haferreis im Kochtopf
250 g Haferreis abwaschen
500 ml Wasser, ½ TL Salz
10–12 Min. köcheln, ziehen lassen, abschrecken

Milchhafer im Kochtopf
250 g Haferreis abwaschen
500 ml Haferdrink oder Kuhmilch, 1 TL Süße, 1 Prise Salz
10–12 Min. köcheln

Gerstenkörner im Kochtopf
250 g Gerstenkörner abwaschen
500 ml Wasser, ½ TL Salz
Im Topf aufkochen, mit Deckel 40–45 Min. köcheln; ziehen lassen, abschrecken

Gerstengraupen im Kochtopf
250 g Gerstengraupen abwaschen
500 ml Wasser, ½ TL Salz
Im Topf aufkochen, mit Deckel 30 Min. köcheln; ziehen lassen

Dinkelkörner im Kochtopf
250 g Dinkelkörner abwaschen
500 ml Wasser, ½ TL Salz
Im Topf aufkochen, mit Deckel 50–55 Min. köcheln; ziehen lassen, abschrecken

Grünkern im Kochtopf
250 g Grünkern abwaschen
500 ml Wasser, ½ TL Salz
Im Topf aufkochen, mit Deckel 45-50 Min. köcheln; ziehen lassen, abschrecken

Hirse neutral im Kochtopf
150 g Hirse abwaschen
375 ml Wasser, ½ TL Salz
Im Topf aufkochen, mit Deckel 15 Min. köcheln; 15 Min. quellen lassen

Hirse süß im Kochtopf
100 g Hirse
500 ml Haferdrink
Im Topf aufkochen, 20 Min. köcheln

Kochen mit Haferkörnern: Eine Übersicht zum Download finden Sie hier: haferkoerner.de

GERSTE, DINKEL UND HIRSE – UNTERSCHÄTZTE GETREIDEARTEN

Gerste, Dinkel und Hirse – diese Getreidearten werden seit Jahrtausenden angebaut und zählten in unserer Region zeitweise zu den Grundnahrungsmitteln der Menschen. Spätestens durch Züchtungen und die Industrialisierung der Landwirtschaft im 20. Jahrhundert wurden sie von den ertragreicheren Getreidegattungen Weizen und Roggen fast vollständig verdrängt. Immerhin: In manchen Regionen der Welt haben sie noch bis heute wesentlichen Anteil an der Ernährung der Bevölkerung. Denn sie haben viel zu bieten.

Gerste – das älteste kultivierte Getreide der Welt

Gerste wird heutzutage in Deutschland fast ausschließlich als Zutat beim Bierbrauen sowie als Futtermittel verwendet. Zu Unrecht: Gerstenkörner sind gesund und Gerstenpflanzen sehr genügsam. Gerste ist weltweit verbreitet und wächst auch unter ungünstigen Bedingungen – überall, wo Getreide gerade noch angebaut werden kann. Aufgrund der Schnelligkeit ihres Wachstums ist Gerste die anpassungsfähigste Getreidesorte von allen.

Historie als Ackerpflanze

Gerste wurde von allen ackerbautreibenden Völkern der Welt als eine der ersten Nutzpflanzen überhaupt angebaut. Vom heutigen Israel und Jordanien aus, wo der Gerstenanbau ungefähr 8000 v. Chr. seinen Ursprung nahm, kam er etwa 3000 Jahre später nach Mitteleuropa. Im Ägypten der Antike war Gerste neben Hirse die Hauptfrucht zur Herstellung von Fladenbrot. Im alten China zählte Gerste zu den fünf heiligen Pflanzen und in Ostindien war sie – neben Reis – das Hauptnahrungsmittel.

Bei den alten Griechen wurde Gerste geröstet, grob geschrotet, mit Wasser zu einem Brei vermengt und nach Zugabe von Olivenöl verzehrt. Laut griechischer Mythologie sollen die Götter den Menschen als erste Nahrung die Gerste gegeben haben. Bei unseren Vorfahren, den Germanen, war die Gerste gleichzeitig wichtigstes Brot- und Braugetreide. Im Mittelalter buk man in Europa das Brot für die Bauern aus Gersten- und Roggenmehl, während der Adel Weizenmehlprodukte bevorzugte. Die Städter verspotteten die einfache Landbevölkerung als Gerstenbrei-Esser. Später wurde dann Gerste Zug um Zug von Roggen und Weizen abgelöst, verlor aber in den Regionen Schleswig-Holstein und Schwäbische Alb seine Bedeutung nie vollständig.

Sommer- und Wintergerste

Die traditionelle Gerste ist die Sommergerste. Erst im 20. Jahrhundert entstand durch Züchtung die Wintergerste als winterfeste Form. In Deutschland

Gerste zum Bierbrauen

Dass Gerste, genauer gesagt Gerstenmalz, zum Bierbrauen verwendet wird, ist kein Zufall. Ursprünglich wurde im selben Haus und zur selben Zeit Brot gebacken und Bier gebraut, vermutlich schon 7000 v. Chr. In Zeiten, als verunreinigtes »Trinkwasser« die Regel war, diente Bier als Durstlöscher und als Nahrungsmittel gleichermaßen. Bier war ein beliebtes Getränk, vor allem beim einfachen Volk. Schließlich wächst Gerste überall und Bier kann jeder selbst im Keller herstellen.

ist Gerste heute ausgehend von der Anbaufläche nach Weizen und Mais die drittwichtigste einheimische Kulturpflanze, und Deutschland ist der drittgrößte Produzent weltweit. Der Großteil entfällt auf Wintergerste, welche ertragreicher ist und aufgrund des höheren Eiweißgehaltes überwiegend als Futtermittel für Schweine verfüttert wird. Fürs Bierbrauen, wo ein niedrigerer Eiweißgehalt gewünscht ist, wird Sommergerste verwendet. Wegen des Reinheitsgebotes hängt die Bierqualität in Deutschland sehr viel stärker vom Rohstoff Gerste ab als in anderen Ländern, wo mit chemischen Hilfsstoffen nachgeholfen werden kann.

Traditionelle Gerichte mit Gerste

In manchen Teilen der Welt wie in Tibet, Nepal, Japan, China, Korea und Äthiopien ist Gerste auch heute noch als Nahrungsmittel sehr beliebt. So wird zum Beispiel die tibetische Nationalspeise Tsampa aus gerösteten Gerstenkörnern hergestellt. Sie werden gemahlen und das Mehl wird dann mit Milch, Tee und Joghurt zu einem Brei oder als Teigkugeln zubereitet. In Tibet deckt Gerste noch heute bis zu 80 Prozent des Kalorienbedarfs der ländlichen Bevölkerung und ist oft die einzige Ballaststoffquelle. Die Inder machen aus Gerstenmehl ein Fladenbrot, Chapati genannt. In Europa ist das Schweizer Graubünden eine Art »Gersten-Hochburg«. Gerstenkörner oder Gerstengrieß werden dort für die typische Bündner Gerstensuppe oder ein »Gersotto« verwendet.

Gesundheitliche Eigenschaften von Gerste

Gerste ähnelt Hafer auch im Hinblick auf die gesundheitlichen Aspekte, insbesondere in Bezug auf die enthaltenen Beta-Glucane, welche in Struktur, Gehalt und Wirkung verwandt, allerdings nicht identisch sind. Auch zu Gerste und Gerste-Beta-Glucanen gibt es klinische Studien, allerdings bei weitem nicht so viele wie für Hafer-Beta-Glucane.

Bei einer regelmäßigen Zufuhr von mindestens 3 Gramm Gersten-Beta-Glucan pro Tag gilt die Senkung des LDL-Cholesterin-Spiegels als nachgewiesen und das Risiko für Herz-Kreislauf-Erkrankungen soll um ein Viertel sinken. Durch die Ballaststoffe sorgt Gerste für eine gesunde Darmflora und reduziert das Risiko, an Darmkrebs zu erkranken. Außerdem enthält Gerste jede Menge Selen, Phosphor, Kupfer, Mangan und sekundäre Pflanzenstoffe (darunter Lignan, Phenolsäuren, Phytinsäure, Pflanzensteroide und Saponine). In den Tabellen auf Seite 20 und 21 sind die Inhaltsstoffe der verschiedenen Getreidearten aufgeführt.

Kochen und backen mit Gerste

Gerste gibt es als ganze Körner, als Graupen, als Grütze (geschälte und geschnittene Gerste), als Mehl und als Flocken. Gerstenflocken sind gewalzte Gerstenkörner, die ähnlich wie Haferflocken für Brei, Streusel, Kekse und vieles mehr verwendet werden.

Gerstenmehl eignet sich besonders für Breie, weniger für herkömmliches Brot. In Gegenden, wo Weizen, Roggen und Dinkel nicht gut gedeihen, wird Gerstenmehl zum Backen von Fladenbrot verwendet. Unsere Bäcker nutzen Gerstenmalz, um Brot eine dunkle Farbe zu verleihen.

Graupen

Seit rund 200 Jahren kennt man Graupen (auch Perlgraupen oder Rollgerste genannt). Sie erhält man durch Schleifen und Polieren von Gerstenkörnern, wobei Frucht- und Samenschale nahezu vollständig entfernt und die Spitzen (Keimling) abgerundet werden. Graupen haben durch diese mechanische Bearbeitung weniger Nährstoffe, sie sind aber besonders leicht verdaulich und sehr gut für magenfreundliche breiige Suppen, Aufläufe oder Salate geeignet. Graupen haben weniger Biss und lassen sich schneller zubereiten als ganze Gerstenkörner.

Dinkel – eines der ersten Brotgetreide

Dinkel als Kulturpflanze hat eine lange Tradition. Er wurde schon mehrere Tausend Jahre vor Christus in Georgien und Vorderasien angebaut. Über das Schwarze Meer kam der Dinkelanbau ungefähr 1000 v. Chr. nach Mitteleuropa. Dinkel wird im Alten Testament und in verschiedenen römischen Schriften erwähnt. Er galt sowohl bei den Römern als auch bei den Griechen als Grundnahrungsmittel und wurde als eines der ersten Getreide zum Brotbacken verwendet.

Bedeutung des Dinkelanbaus

Besonders beliebt ist Dinkel seit jeher im Schwabenland, in der Schweiz und im Mosel-Niederrhein-Gebiet. In diesen Gegenden war es noch Ende des 19. Jahrhunderts das wichtigste Getreide. Danach verlor er an Bedeutung und verschwand nach dem Zweiten Weltkrieg fast vollständig aus Deutschland. Eine Ausnahme bildet das badische Taubergebiet, wo der unreife Dinkel seit jeher als traditioneller Grünkern produziert wurde.
Aktuell sind die Hauptanbaugebiete die Schwäbische Alb, das fränkische Bauland sowie die Main-Tauber-Gegend. Die Dinkelpflanze ist vergleichsweise unempfindlich, was Schädlinge und extreme Witterungen betrifft. Sie braucht keinen Kunstdünger und ist daher bestens für den ökologischen Anbau geeignet.

Verwendung

Dinkelmehl wird aktuell vor allem in Brot und Spezialgebäcken verwendet. Ein erheblicher Teil des Proteins im Dinkel ist Gluten, was als Kleber die guten Backeigenschaften erklärt. Zunehmender Beliebtheit erfreut sich Dinkel auch in Frühstückscerealien sowie zum Herstellen von Bier und Whisky.

Was ist eigentlich Grünkern?

Grünkern ist nichts anderes als zwei bis drei Wochen vor der Reife geernteter Dinkel. Vermutlich wurde diese Vorstufe des Dinkels im 18. Jahrhundert eher zufällig entdeckt. Um nach starken Regenfällen das Verfaulen der Dinkelkörner zu verhindern, wurden sie vorzeitig geerntet. Durch das Darren reiften die Körner nach und waren leichter verdaulich. Grünkern wird sehr gern für Bratlinge oder in Suppen verarbeitet. Das Schimpfwort »Grünkern-Fresser« ist zum Glück aus der Mode gekommen.

Gesundheitliche Eigenschaften von Dinkel

Dinkel ist reich an wichtigen Nährstoffen wie Vitaminen, Mineralstoffen und sekundären Pflanzenstoffen (siehe Tabellen auf S. 20 und 21). Er hat einen ungewöhnlich hohen Gehalt an Eiweiß, Zink und Selen. Auch der Anteil an essentiellen Aminosäuren ist hoch. Weiterhin steckt in Dinkel eine große Menge an Kieselerde (Silizium), welches Nägel, Haare und Bindegewebe kräftigt.

Dinkel enthält Gluten und ist daher bei einer Zöliakie unbedingt zu meiden. Bei manchen anderen Formen der Weizenunverträglichkeit wird Dinkel-Gluten jedoch deutlich besser vertragen als Weizen-Gluten.

Hirse – nährstoffreich und oft unterschätzt

Die nahrhafte und anspruchslose Hirse war lange Zeit ein wichtiges Nahrungsmittel, vor allem für die armen Bevölkerungsschichten. Sie lässt sich vielseitig verwenden und dank ihres leicht süßlichen Geschmacks ist besonders der Hirsebrei weltweit verbreitet.

Geschichte

Die ersten Nachweise von Hirseanbau stammen aus China und datieren auf etwa 5000 v. Chr. zurück. Damit gehört Hirse zu den ältesten Kulturpflanzen der Welt. In Teilen Chinas war sie zeitweise die einzige Getreideart der Region. Zugleich wurde Hirse lange Zeit als eine von fünf heiligen Nutzpflanzen verehrt und diente als Opfergabe. Auch stellten die Chinesen die ersten bekannten Nudeln aus Hirse her. In Korea und Japan war Hirse ebenfalls ein wichtiges Nahrungsmittel.

Etwa 1500 v. Chr. wurde Hirse erstmals in Europa angebaut und war im Altertum im gesamten Mittelmeerraum weit verbreitet. In Mitteleuropa wurde Hirse erst im Mittelalter populär und blieb dies bis ins 19. Jahrhundert. Lange Zeit galt sie als »Essen für die Armen«, denn Hirse war günstig und nährstoffreich. Daraus hergestelltes Fladenbrot oder Hirsebrei machen rasch und anhaltend satt.

In vielen Gegenden Deutschlands war die Hirse im 15. und 16. Jahrhundert auf ihrem Höhepunkt. Ihr Rückgang ging einher mit der Einführung von Kartoffeln und Mais und dem zunehmenden Import von Reis.

Nicht von ungefähr handelte es sich beim Märchen »Der süße Brei« der Gebrüder Grimm um Hirsebrei. Eine kurze Zusammenfassung finden Sie hier: haferkoerner.de

Bedeutung heute

Seit Beginn des 20. Jahrhunderts spielte Hirse in Deutschland nahezu keine Rolle mehr. Die Hirse, die wir hierzulande kaufen, kommt meist aus den USA, aus Frankreich und Italien. Doch in vielen Ländern Afrikas ist Hirse ein beliebtes Nahrungsmittel, sie zählt zu den zehn wichtigsten Nahrungspflanzen weltweit. Denn Hirse gedeiht sehr gut auf trockenen und nährstoffarmen Böden, sodass auch bei Trockenheit nie die komplette Ernte ausfällt. Zudem lässt sich Hirse gut lagern.

Traditionelle Gerichte mit Hirse

Traditionelle Verwendungen sind Hirsebrei und Hirsemehl, aus dem – vor allem in Afrika und Indien – Fladenbrote gebacken werden. In Russland wird Hirsebrei gesüßt und mit Milch gereicht, in Afrika und Asien meist ungesüßt zubereitet. In Japan gibt es eine spezielle Süßspeise namens Awa Okoshi, das ist gepuffte und kandierte Hirse.

Aus Hirse werden auch alkoholische Getränke hergestellt, beispielsweise Biere in Afrika, Nepal und Taiwan. In China gibt es Baijiu, eine Spirituose aus Hirse, ähnlich dem Wodka.

Gesundheitliche Eigenschaften von Hirse

Hirse ist ein schmackhaftes und nährstoffreiches Vollkorngetreide. Auch wenn die Spelzen entfernt sind, ist der Nährstoffgehalt hoch, da sich die Nährstoffe im Hirsekorn gleichmäßig verteilen.

Hirse ist glutenfrei, schützt die Darmschleimhaut und ist besonders bei Zöliakie geeignet. Bei Menschen mit Typ-2-Diabetes soll sie sich positiv auf den Zucker- und Cholesterinstoffwechsel auswirken.

In der Naturheilkunde gilt Hirse als wärmend, aufbauend, nervenstärkend, entwässernd und entzündungshemmend. Die gelegentlich beschriebene Hirsekur soll den Körper entgiften, indem eine Woche lang überwiegend Hirse und sonst nur rohes und/oder gedünstetes Gemüse und Obst verzehrt wird.

Hirse enthält wasserlösliche Ballaststoffe, außerdem viel Eiweiß, Phosphor, B-Vitamine, Kalzium, Zink, Kalium, Magnesium und Eisen. Mit ihrem hohen Gehalt an Eisen und Magnesium ist Hirse wichtig für Muskeln, Nervensystem und die Blutbildung. Hirse ist außerdem reich an sekundären Pflanzenstoffen, wie zum Beispiel Polyphenolen, die eine antioxidative, antientzündliche und blutzuckerregulierende Wirkung haben. Der hohe Gehalt an Kieselerde (Silizium) sorgt für kräftige Haut, Haare und Nägel (siehe Tabellen auf S. 20 und 21).

Zubereitung von Hirse

Hirse ist als ganzes Korn erhältlich sowie als Grieß, Schrot, Flocken, Mehl oder gepufft. Gekochte Hirse schmeckt mild und cremig. Man kann sie vor dem Kochen anrösten, um ihr ein nussigeres Aroma zu geben. Gekochte Hirsekörner passen gut zu Salaten oder als Beilage, sie eignen sich auch für Bratlinge, Aufläufe, Eintöpfe und Suppen. Als Backzutat gibt Hirse Brot und Gebäck einen kräftigeren Biss. Gepuffte Hirse kann wie Popcorn als Knabberei verzehrt werden. Gemahlene Hirse wird mit Wasser oder Milch zu Brei verkocht, der gesüßt am besten schmeckt.

INTERVIEW MIT SNEZHINA YORDANOVA

GU-Verlag: Liebe Frau Yordanova, Sie haben am Buch »Das große Haferkorn-Kochbuch« mitgewirkt. Wie kam es dazu?

Snezhina Yordanova: Das ist ganz einfach. Ich arbeite schon seit Jahren in der Praxis von Dr. Keuthage. Dort berate ich oft Menschen mit Diabetes und Übergewicht zum Thema Ernährung. Ich bin immer wieder erstaunt, wie positiv sich bei diesen Hafer und Hafertage auswirken. Allerdings merken wir auch, dass es vielen schwerfällt, Hafertage konsequent durchzuhalten. Wir versuchen daher – gemeinsam mit unseren Patienten – neue Rezepte zu entwickeln. Ich habe auch schon bei dem anderen Hafer-Buch von Dr. Keuthage »Abnehmen mit der HAWEI-Methode« eine Reihe von neuen Rezepten entwickelt.

GU-Verlag: Sie haben in Münster Ökotrophologie studiert. Man kann das am besten mit Ernährungswissenschaften übersetzen. Wie sind Sie auf dieses Studienfach gekommen und inwiefern kommt Ihnen Ihr Wissen beim Buchschreiben zugute?

Snezhina Yordanova: Die Leidenschaft, zu kochen und Rezepte zu entwickeln, habe ich bereits als Kind gespürt. Meine Mutter hat mir Kochen beigebracht. Sie legt großen Wert auf eine gesunde und vollwertige Ernährung und kocht viel mit Hafer und Dinkel. Von ihr habe ich gelernt, wie man Hafer lecker zubereitet. Ich bin kurz nach der Wende in Bulgarien aufgewachsen. Fleisch war damals recht teuer und auch nicht immer leicht zu bekommen. So haben wir aus der Not eine Tugend gemacht und Haferkörner als Fleischersatz genommen. Zum Bespiel gab es bei uns Haferbratlinge und Hafer-Fleisch-Frikadellen so ähnlich schon in meiner Kindheit. Beliebt waren natürlich auch Haferflocken. Porridge gab es bei uns oft zum Frühstück.

Als ich später mit 18 Jahren nach Deutschland gekommen bin, wusste ich, dass ich studieren wollte. Letztlich habe ich mich für Ökotrophologie entschieden und meine Leidenschaft zum Beruf gemacht. Ernährung ist total spannend. Ich bin fasziniert davon, wie sich gesunde Ernährung auf unsere Gesundheit auswirkt. Und mein Wissen kann ich beim Schreiben der Hafer-Bücher, aber auch jeden Tag bei meiner Arbeit in der Praxis anwenden.

GU-Verlag: Hand aufs Herz: Kochen Sie zu Hause auch mit Hafer?

Snezhina Yordanova: Oh ja. Zum Glück liebt meine Tochter Haferflocken. Als ich mit meiner Tochter Raya schwanger war, wurde bei mir Schwangerschaftsdiabetes diagnostiziert. Ich habe damals selbst Hafertage gemacht und ich habe hafer- und eiweißreich gegessen. Mir ist es gelungen, die Zuckerwerte in der gesamten Schwangerschaft im grünen Bereich zu halten. Später war es dann ein glücklicher Zufall, dass ich zu Dr. Keuthage gekommen bin und jetzt mithelfen kann, neue Haferrezepte zu entwickeln.

HAFERKORN-BOWL: DIE SUPER(FOOD)-BOWL

Food-Bowls sind im Trend. Verschiedene frische Zutaten werden in einer großen Schale angerichtet und serviert, dabei werden die einzelnen Bestandteile nicht miteinander vermischt, sondern neben- und aufeinander drapiert. Das sieht nicht nur appetitlich aus, sondern ist auch gesund.

Bunt und gesund

Bowls sind unser Tipp für alle, die sich gesund und abwechslungsreich ernähren möchten. Die Kombinationsmöglichkeiten sind fast unerschöpflich und bei unserer Haferkorn-Bowl kommt die Extraportion Haferkörner hinzu. Eine Bowl kann warm oder kalt gegessen werden, wird wahlweise herzhaft oder süß, mild oder scharf gewürzt.

Die Komponenten der Bowl

Eine Bowl besteht in der Regel aus bis zu fünf verschiedenen Komponenten.

- Grundlage bzw. Basis
- Gemüse und/oder Obst
- Eiweißkomponente
- Soße/Dressing/Dip
- Topping

Grundlage

Grundlage der Bowl sollte frisches Gemüse in Kombination mit einer Kohlenhydratquelle sein. Als Gemüse nehmen Sie saisonales grünes Blattgemüse wie zum Beispiel Rucola, Spinat, Feldsalat oder Mangold. Damit legen Sie die Schale aus.

Haferkörner sind aufgrund ihrer Nährwertzusammensetzung und der vielen Ballaststoffe die beste Kohlenhydratquelle überhaupt. Alternativ können Sie Gersten-, Dinkel-, Hirsekörner oder Grünkern verwenden. Möglich ist auch eine Kombination der verschiedenen Körner oder mit anderen Kohlenhydratquellen wie Couscous, Quinoa, Reis oder Kartoffeln.

Obst und/oder Gemüse

Im Prinzip eignen sich alle Obst- und Gemüsesorten, am besten frisch oder tiefgekühlt. Gemüse kann roh, gekocht oder gebraten verwendet werden, es bieten sich zum Bespiel Möhren, Tomaten, Paprika, Zucchini, Brokkoli, Rote Bete und Gurken an. Bei den Obstsorten passen zuckerarme Beeren, Äpfel und Birnen. Eine gesunde Fettquelle ist Avocado. Beliebt bei asiatischen Bowls sind fermentiertes Gemüse (»Kimchi«) oder der leicht süßliche, japanische Algensalat (»Wakame«).

Eiweißkomponente

Entscheidend ist eine sättigende eiweißreiche Komponente. Diese kann tierischer Herkunft sein, zum Beispiel Fleisch, Fisch oder Eier. Oder Sie wählen pflanzliche Produkte, wie zum Beispiel Linsen, Bohnen, Kichererbsen, Tempeh, Tofu oder Edamame.

Dressings und Dips

Über die angerichteten Zutaten kommt ein Dressing oder ein Dip. Hier können Sie einen geschmacklichen Kontrast schaffen, der Ihrer Bowl einen besonderen Kick verleiht.

Zu einer Bowl mit würzigen Zutaten passen zum Beispiel ein mildes Dressing, ein neutraler Dip, Sesampaste oder Joghurt. Sind die anderen Zutaten wenig gewürzt, ist ein scharfes oder intensiv schmeckendes Dressing die perfekte Ergänzung. Dies kann ein Erdnussdip sein oder ein Dressing mit Knoblauch, Ingwer oder Chili.

Toppings

Die Toppings sind die Krönung der Bowl. Sie sehen nicht nur appetitlich aus, meist sind sie auch knusprig-knackig, wie zum Bespiel geröstete Hülsenfrüchte, Zwiebeln, Nüsse, Kerne, Sprossen oder ein herzhaftes Granola.

Dressings und Dips

Hafer-Joghurt-Senf-Dressing

Für 5 Portionen | Zubereitungszeit: 2 Min.

2 EL zartschmelzende Haferflocken | 100 g Joghurt | 10 ml Zitronensaft | 1 TL Senf | 1 TL Olivenöl | Pfeffer | Salz

Alle Zutaten in eine Schüssel geben und gut miteinander vermengen.

Quark-Minze-Dip

Für 4 Portionen | Zubereitungszeit: 10 Min.

4 Zweige frische Minze | 1 Knoblauchzehe | 250 g Magerquark | 70 ml Haferdrink | Salz | Pfeffer

Frische Minze waschen, trocknen, die Blätter abzupfen und fein hacken. Knoblauchzehe abziehen und pressen. Magerquark mit dem Haferdrink glatt rühren. Minze, Knoblauch, Salz und Pfeffer unter die Quarkmischung heben.

Balsamicodressing

Für 5 Portionen | Zubereitungszeit: 5 Min.

1 EL frische Kräuter | 50 ml Aceto Balsamico | 60 ml Olivenöl | ½ TL Honig | Pfeffer | Salz

Kräuter waschen, trocken tupfen und fein hacken. Essig und Öl gut verrühren. Honig und Kräuter unterrühren, mit Pfeffer und Salz würzen.

Auberginendip

Für 4 Portionen | Zubereitungszeit: 35 Min.

1 mittelgroße Aubergine | 2 Knoblauchzehen | 50 g Walnüsse | 1 EL Olivenöl | Salz | Pfeffer

Den Backofen auf 180° (Ober-/Unterhitze) vorheizen. Aubergine waschen, abtrocknen und mit der Gabel durchstechen. Auf ein mit Backpapier ausgelegtes Backblech legen und ca. 25 Minuten backen. Ein paar Minuten abkühlen lassen und die Haut abziehen. Knoblauchzehen abziehen. Zusammen mit Aubergine, Walnüssen und Olivenöl in eine Schüssel geben und glatt pürieren. Optional 3 EL Wasser hinzufügen. Mit Salz und Pfeffer würzen.

Erdnussdip

Für 4 Portionen | Zubereitungszeit: 45 Min.

1 kleine Süßkartoffel | 1 kleine Zwiebel | 50 ml Haferdrink | 1 EL Erdnussbutter

Den Backofen auf 180° (Ober-/Unterhitze) vorheizen. Süßkartoffel waschen und mit der Gabel durchstechen. Zwiebel abziehen und vierteln. Süßkartoffel und Zwiebel auf ein mit Backpapier ausgelegtes Backblech legen und ca. 30 Minuten backen. Etwas abkühlen lassen und die Süßkartoffel pellen. Süßkartoffel, Zwiebel, Haferdrink und Erdnussbutter in eine Schüssel geben und glatt pürieren. Mit Salz und Pfeffer würzen.

DIE PERFEKTE HAFERKORN-SUSHI-ROLLE

Sushi gehört zu den bekanntesten Gerichten Japans. Die Röllchen aus Reis, Algenblättern und rohem Fisch oder frischem Gemüse werden Maki-Sushi genannt und haben in Japan eine lange Tradition. Ursprünglich stammt Sushi aus Südostasien und diente zur Konservierung von frischem Fisch. Frisch ausgenommener Fisch wurde mit Reis in Gläser eingelegt, fermentiert und so länger haltbar gemacht. In unserem Rezeptteil sehen Sie, dass Sushi nicht nur herzhaft, sondern auch in süßen Variationen lecker schmeckt.

Daraus besteht die Sushi-Rolle

Die Zubereitung von Sushi hat sich im Laufe der Zeit verändert, und mittlerweile ist Sushi auf der ganzen Welt beliebt. Was macht die Reisrolle so besonders?

Beim Maki-Sushi wird die Reisrolle von Norialgenblättern umhüllt. Norialgenblätter sind fettarm und reich an Vitaminen und Mineralstoffen wie Kalium, Phosphor, Magnesium, Kalzium, Zink, Natrium und Jod. Zudem enthalten sie viele Omega-3-Fettsäuren. Neben Reis kommen frische Zutaten wie frischer Fisch und rohes oder gekochtes Gemüse hinzu. Ergänzt wird mit scharfer Wasabipaste, fermentierten Ingwerscheiben und Sojasauce. Der eingelegte Ingwer und die scharfe Wasabipaste fördern die Verdauung und sind probiotisch, was den guten Bakterien im Darm zugutekommt. So gesehen ist jedes Sushihäppchen Gesundmacher und Geschmacksexplosion in einem.

Haferkorn-Sushi liefert noch mehr Nährstoffe

Das alles macht Sushi zu einer nahezu perfekten Mahlzeit. Wäre da nicht der Reis. Weißer Sushireis ist üblicherweise geschält und poliert und besteht größtenteils aus leicht verwertbaren Kohlenhydraten, die den Blutzuckerspiegel schnell ansteigen lassen. Doch Sie ahnen es schon. Den weißen Sushireis können Sie problemlos durch Haferkörner oder auch Haferreis ersetzen. So wird Sushi zu einer vollwertigen und ballaststoffreichen Mahlzeit.

Die Zubereitung von Sushi ist kein Hexenwerk, Sie benötigen nur eine Sushimatte, Reisessig, eingelegten Ingwer, Wasabipaste, Frischhaltefolie, frisches Gemüse oder rohen Fisch und natürlich Haferkörner.

Was Sie einrollen, bleibt Ihnen überlassen. Neben Fisch ist Gemüse, zum Beispiel Gurke oder Paprika, genauso lecker und gesund. Avocado eignet sich besonders gut. Auf Seite 68 finden Sie das Rezept für Haferkornsushi mit Avocado. Für süßes Haferkornsushi verwenden wir statt der Essigmischung Kokosmilch, Salz und Agavendicksaft oder Ahornsirup. Als Füllung dient bei unserem Rezept auf Seite 149 Mango.

Grundrezept Sushi

Für 2 Portionen

150 g vorgegarte Haferkörner | 1 EL Reisessig | 1 TL Zucker | ½ TL Salz | Gemüse (nach Wahl) | roher Fisch (nach Belieben) | 2 Noriblätter | Sojasauce | Wasabipaste | eingelegter Ingwer

Außerdem: Sushimatte | Frischhaltefolie

1 Vorgegarte Haferkörner mit 1 EL Wasser beträufeln und erwärmen. Reisessig, Zucker und Salz mischen und unter die Haferkörner heben. Die Hafermischung abkühlen lassen.

2 In der Zwischenzeit das Gemüse bzw. den Fisch in feine Streifen schneiden.

3 Frischhaltefolie auf der Sushimatte ausbreiten, darauf ein Noriblatt mit der Längsseite nach unten legen.

4 Die Hälfte der Hafermischung in der Form eines Rechteckes auf dem Noriblatt verteilen, dabei an einer Längsseite einen ca. 2 cm breiten Rand frei lassen. Im unteren Drittel der Sushimatte das Gemüse auf einem ca. 2 cm breiten Streifen platzieren.

5 Die Sushimatte mit Hilfe der Folie von unten nach oben aufrollen. Dabei die Rolle mit der Matte festziehen und darauf achten, das Sushi möglichst eng bzw. fest zu rollen. Eine weitere Rolle auf die gleiche Weise formen und die Rollen mindestens eine Stunde im Kühlschrank lagern.

6 Die Rollen aus dem Kühlschrank nehmen, mit der Naht nach unten auf ein Brett legen und mit einem scharfen Messer in 1,5 cm dicke Stücke schneiden. Sushi mit Sojasauce, Wasabipaste und eingelegtem Ingwer servieren.

DIE HAFERKORN-REZEPTE

Alltagstauglich, innovativ und lecker – Haferkörner sind ein erstklassiges Lebensmittel in der gesunden Genussküche. Von Haferporridge und Haferkornbowls über Haferkornsuppe, Haferkorn-Curry und Haferkorn-Sushi bis hin zu Milchhaferreis, Hafercookies und Hafercrumble. Probieren Sie es aus und genießen Sie die Vielfalt der Haferkörner!

SCHNELL VEGAN GLUTENFREI

APFEL-HAFER-PORRIDGE

Apfel und Zimt passen immer zusammen. In Kombination mit Haferkörnern machen sie lange satt und lassen den Zuckerspiegel kaum ansteigen. Dieser Porridge ist das perfekte Frühstück, nicht nur für einen kalten Wintermorgen.

Für 2 Portionen à 230 g
Zubereitungszeit: 10 Min.

200 g vorgegarte Haferkörner
60 g Hafersahne (Hafercuisine)
160 g Haferdrink mit Soja
2 EL Schmelzflocken
1 Prise Zimt
1 Apfel
30 g Mandeln

1 Vorgegarte Haferkörner zusammen mit der Hafersahne und dem Haferdrink in einen Topf geben und aufkochen lassen.

2 Schmelzflocken und Zimt dazugeben und den Porridge auf mittlerer Temperatur köcheln lassen.

3 In der Zwischenzeit den Apfel waschen, achteln, entkernen und in kleine Scheibchen schneiden. Etwa die Hälfte des Apfels zum Porridge hinzufügen und weiterköcheln lassen.

4 Die Mandeln grob hacken.

5 Wenn der Porridge die gewünschte Konsistenz hat, mit den restlichen Apfelstückchen und den gehackten Mandeln garnieren und servieren.

TIPP: Die Schmelzflocken machen den Porridge schön cremig. Wenn Sie es etwas kerniger mögen, geben Sie nur die Hälfte der Menge dazu.

NÄHRWERTE PRO PORTION

415 kcal | 15 g F (2,1 g GFS) | 53 g KH | 18 g Z | 9 g BST | 10 g E | 2,8 g Hafer-Beta-Glucan

BIRCHERMÜSLI
mit Haferkörnern

Das berühmte Birchermüsli in neuer Variante: Haferkörner werden mit Obst über Nacht eingeweicht. In den Äpfeln stecken viele Vitamine, die Nüsse liefern wichtige und gesunde Fette und sorgen für Biss.

Für 2 Portionen à 320 g
Zubereitungszeit: 15 Min.
Ziehzeit: über Nacht

200 g vorgegarte Haferkörner
250 g Joghurt
2 Äpfel
1 EL Zitronensaft
1 EL Agavendicksaft
1 Prise Zimt
Salz
4 EL Nüsse (z. B. Walnüsse, Mandeln, Haselnüsse)

1 Haferkörner und Joghurt in eine Schüssel geben und miteinander verrühren.

2 Die Äpfel waschen, entkernen und raspeln. Mit Zitronensaft vermengen und zu den Haferkörnern geben.

3 Agavendicksaft, Zimt und etwas Salz dazugeben, alles gut vermischen und das Müsli über Nacht im Kühlschrank ziehen lassen.

4 Am nächsten Tag die Nüsse hacken und unter das Müsli rühren.

VARIANTE: Dieses Rezept ist die Basis für das Birchermüsli. Es lässt sich nach Belieben anreichern, zum Beispiel mit Rosinen, Bananenscheiben oder Beeren.

TIPP: Sie können das Birchermüsli auch mit frisch gewalzten Haferflocken zubereiten. Wie das funktioniert, ist auf Seite 15 f. beschrieben.

NÄHRWERTE PRO PORTION

605 kcal | 27 g F (5,3 g GFS) | 66 g KH | 36 g Z | 11 g BST | 16 g E | 2,2 g Hafer-Beta-Glucan

SCHNELL VEGETARISCH GLUTENFREI

SCHOKO-NUSS-HAFERKORN-PORRIDGE

Porridge kann fast unendlich variiert werden, Sie können es jederzeit nach Ihren Vorlieben und Ihrem Geschmack anpassen. Unsere Variante mit Zartbitterschokolade ist besonders reich an Antioxidantien.

Für 2 Portionen à 270 g
Zubereitungszeit: 20 Min.

40 g Zartbitterschokolade
80 ml Hafersahne (Hafercuisine)
1 TL Rapsöl
200 g vorgegarte Haferkörner
160 g Haferdrink mit Soja
2 EL Schmelzflocken
30 g Haselnusskerne

1 Die Zartbitterschokolade mit 30 ml Hafersahne und Rapsöl im Wasserbad erwärmen, bis die Schokolade geschmolzen ist.

2 Haferkörner zusammen mit dem Haferdrink und der restlichen Hafersahne (50 ml) in einen kleinen Topf geben und aufkochen lassen.

3 Schmelzflocken dazugeben und den Porridge bei mittlerer Temperatur etwa 5 Min. köcheln lassen.

4 Die Haselnüsse hacken. Schokosauce auf zwei Teller verteilen, den Porridge draufgeben und mit Haselnüssen bestreuen.

VARIANTE: Der Porridge schmeckt auch mit Cashewkernen, Mandeln, Walnüssen oder einer Mischung aus verschiedenen Nüssen sehr lecker.

NÄHRWERTE PRO PORTION

490 kcal | 24 g F (6,2 g GFS) | 49 g KH | 15 g Z | 9 g BST | 11 g E | 2,6 g Hafer-Beta-Glucan

GRANOLA
mit knusprigen Haferkörnern

Hier werden ausnahmsweise rohe Haferkörner verwendet, so wird das Granola besonders knusprig. Zum Frühstück mischen Sie es einfach mit Joghurt oder Haferdrink – fertig! Schmeckt auch lecker als Topping für Salate oder Bowls.

Für 4 Portionen à 45 g
Zubereitungszeit: 15 Min.

1 EL Kokosöl
40 g Honig
¼ TL Zimt
Salz
1 Handvoll Nüsse (z. B. Mandeln, Cashewkerne)
100 g Haferkörner (roh)
1 EL Kürbiskerne
1 EL Sonnenblumenkerne
3 EL gepuffter Amarant

1 Den Backofen auf 180° (Ober-/Unterhitze) vorheizen.

2 Kokosöl mit Honig, Zimt und 1 Prise Salz zu einer homogenen Masse vermengen.

3 Die Nüsse hacken und zusammen mit den restlichen Zutaten dazugeben. Alles gut vermengen.

4 Die Mischung auf ein mit Backpapier ausgelegtes Blech geben und ca. 10 Min. backen. Nach der Hälfte der Backzeit das Granola wenden, damit alles gleichmäßig geröstet wird.

5 Das fertige Granola aus dem Ofen nehmen und komplett auskühlen lassen.

TIPP: In einem gut verschlossenen Gefäß kann das Granola für mindestens zwei Wochen aufbewahrt werden.

NÄHRWERTE PRO PORTION

245 kcal | 11 g F (4,5 g GFS) | 25 g KH | 10 g Z | 4 g BST | 7 g E | 1,1 g Hafer-Beta-Glucan

SCHNELL VEGETARISCH GLUTENFREI

GRANOLA
mit Banane

Dieser süße Hafercrunch ist perfekt fürs Frühstücksmüsli oder für andere Süßspeisen. Er schmeckt mit Joghurt oder Haferdrink, ist ein knuspriges Topping für Porridge, Pudding oder Obstsalat.

Für 6 Portionen à 55 g
Zubereitungszeit: 10 Min.
Backzeit: 35 Min.

1 Banane
40 g Agavendicksaft
2 TL Kakaopulver
100 g vorgegarte Haferkörner
25 g gepuffter Amarant
25 g Sonnenblumenkerne
Salz

1 Den Ofen auf 160° (Ober-/Unterhitze) vorheizen.

2 Die Banane mit einer Gabel zerdrücken und zusammen mit dem Agavendicksaft und dem Kakaopulver in einen Topf geben. Auf dem Herd unter ständigem Rühren erhitzen und ca. 2 Min. köcheln lassen.

3 In einer kleinen Schüssel Haferkörner, gepufften Amarant, Sonnenblumenkerne und 1 Prise Salz mischen. Zur Bananenmischung geben und gut vermengen.

4 Die Masse auf einem mit Backpapier ausgelegten Blech verteilen und 30–35 Min. im vorgeheizten Backofen backen. Zwischendurch wenden.

5 Das fertige Granola aus dem Ofen nehmen und komplett auskühlen lassen.

TIPP: In einem gut verschlossenen Gefäß kann das Granola mindestens zwei Wochen aufbewahrt werden.

NÄHRWERTE PRO PORTION

105 kcal | 2 g F (0,5 g GFS) | 17 g KH | 9 g Z | 2 g BST | 3 g E | 0,4 g Hafer-Beta-Glucan

VEGAN

HERZHAFTES HAFERKORN-GRANOLA

Granola kennen die meisten als süßes Knuspermüsli fürs Frühstück oder für Desserts. Doch Granola kann auch herzhaft. Unsere Variante verleiht Salaten, Suppen und Bowls einen orientalischen Crunch.

Für 6 Portionen à 70 g
Zubereitungszeit: 30 Min.

50 g Sonnenblumenkerne
50 g Kürbiskerne
50 g Leinsamen
50 g Sesam
50 g gehackte Walnusskerne
50 g rohe Haferkörner
4 EL gepuffter Amarant
1–2 Zweige Rosmarin
5 EL Orangensaft
1 TL Currypulver
½ TL grobes Meersalz
1 EL Agavendicksaft

1 In einer Schüssel sämtliche Kerne, Samen, Nüsse, Hafer und Amarant mischen.

2 Die Mischung in einer großen Pfanne ohne Fett etwa 10 Min. rösten. Dabei ständig rühren, damit nichts anbrennt.

3 Die Rosmarinnadeln vom Zweig abstreifen, fein hacken, mit Orangensaft, Currypulver, Meersalz und Agavendicksaft gründlich verrühren.

4 Die Pfanne vom Herd nehmen. Die Saftmischung angießen und alles gut vermischen.

5 Die Masse auf einem Backblech verteilen und bei 180° (Umluft) 15 Min. backen. Dabei immer wieder wenden. Das Granola soll nicht zu dunkel werden.

6 Das fertige Granola aus dem Ofen nehmen und komplett auskühlen lassen.

TIPPS: Granola in ein gut verschließbares Gefäß füllen. Es lässt sich bis zu vier Wochen aufbewahren.
Das würzige Granola ist das perfekte Topping für herzhafte Speisen, kann aber auch aufs Brot gestreut werden.

NÄHRWERTE PRO PORTION

291 kcal | 20 g F (2,7 g GFS) | 13 g KH | 7 g Z | 5 g BST | 11 g E | 0,4 g Hafer-Beta-Glucan

MEAL-PREP · VEGETARISCH · GLUTENFREI

ROHKOSTSALAT
mit Haferkorn

Nach Feierabend haben Sie weder viel Zeit noch Lust zu kochen? Dann ist dieser bunte, frische Salat genau das Richtige. Die Zutaten sind schnell zerkleinert, das Dressing ist im Handumdrehen angerührt. Dann nur noch alles mischen und genießen.

Für 3 Portionen à 300 g
Zubereitungszeit: 15 Min.

300 g Brokkoli
120 g rote Paprika
1 Apfel
1 Dose weiße Bohnen (Abtropfgewicht 240 g)
180 g vorgegarte Haferkörner

Für das Dressing:

1 EL Rapsöl
1 EL Aceto balsamico
Salz
Pfeffer

1 Brokkoli waschen, putzen und in einem Mixer zerkleinern oder mit der Hand fein hacken.

2 Paprika waschen, halbieren, weiße Trennwände und Kerne entfernen. Apfel waschen und das Kerngehäuse entfernen. Paprika und Apfel in einem Mixer zerkleinern oder mit der Hand fein hacken.

3 Weiße Bohnen in ein Sieb abgießen, kalt abbrausen und abtropfen lassen.

4 Brokkoli, Paprika, Apfel, weiße Bohnen und Haferkörner in eine Schüssel geben.

5 Für das Dressing Rapsöl mit Essig, Salz und Pfeffer verrühren. Das Dressing über den Salat gießen und gut unterheben.

TIPP: Diesen Salat können Sie gut auf Vorrat zubereiten und bis zu drei Tage im Kühlschrank aufbewahren.

NÄHRWERTE PRO PORTION

300 kcal | 6 g F (0,9 g GFS) | 42 g KH | 12 g Z | 9 g BST | 13 g E | 1,4 g Hafer-Beta-Glucan

MEAL-PREP SCHNELL VEGAN

HAFER-TABOULÉ

Orient meets Haferkorn – dieser Klassiker der orientalischen Küche wird normalerweise mit Bulgur zubereitet oder auch mit Couscous. Hier haben wir Haferkörner verwendet. Alle Varianten sind für Menschen mit Diabetes geeignet.

Für 2 Portionen à 250 g
Zubereitungszeit: 15 Min.

300 g vorgegarte Haferkörner
1 Bund Petersilie
1 rote Zwiebel
3 Frühlingszwiebeln
100 g Tomaten

Für das Dressing:
1 EL Olivenöl
2 EL Zitronensaft
Salz
Pfeffer

1 Die gegarten Haferkörner in einem Sieb kurz mit kaltem Wasser abbrausen und abtropfen lassen.

2 Petersilie abbrausen, abtropfen lassen und fein hacken. Zwiebel und Frühlingszwiebeln abziehen. putzen und klein schneiden. Tomaten waschen und klein hacken.

3 Petersilie, Zwiebeln, Tomaten und Haferkörner in einer Schussel miteinander vermengen.

4 Zitronensaft, Olivenöl, Salz und Pfeffer zu einem Dressing verrühren. Über den Salat geben und alles gut mischen.

GUT ZU WISSEN

Frische Kräuter enthalten viele Vitamine und Mineralstoffe. Petersilie hat zum Beispiel einen hohen Gehalt an Vitamin C, liefert wertvolle Vitamine der B-Gruppe sowie Vitamin D, Kalzium, Eisen und Magnesium.

NÄHRWERTE PRO PORTION

348 kcal | 10 g F (1,9 g GFS) | 48 g KH | 6 g Z | 9 g BST | 9 g E | 3,4 g Hafer-Beta-Glucan

SCHNELL · VEGETARISCH

HAFERKORNSALAT

mit Ziegenkäse

Lediglich vier feine Zutaten und ein einfaches Dressing – dieser Salat ist schnell zubereitet, sehr aromatisch und leicht – hier können die französischen Köche noch etwas von uns lernen.

Für 2 Portionen à 250 g
Zubereitungszeit: 20 Min.

125 g Ziegenkäserolle
1 EL Honig
100 g Rucola
300 g vorgegarte Haferkörner (in Brühe gegart)

Für das Dressing:
2 EL Weißweinessig
2 EL Olivenöl
1 TL Senf
Salz
Pfeffer
Chiliflocken

1 Den Backofen auf 180° (Ober-/Unterhitze) vorheizen.

2 Ziegenkäse in 1 cm dicke Scheiben schneiden, mit Honig beträufeln und auf ein mit Backpapier belegtes Blech legen. Etwa 10 Min. im Ofen garen.

3 Rucola in einem Sieb abbrausen, abtropfen lassen und in eine Salatschüssel geben. Vorgegarte Haferkörner hinzufügen.

4 Weißweinessig, Olivenöl, Senf, Salz, Pfeffer und Chiliflocken zu einem Dressing verrühren, über den Salat geben und gut miteinander vermischen.

5 Den Salat auf zwei Teller verteilen und die Ziegenkäsescheiben dazu anrichten.

VARIANTE: Den Ziegenkäse können Sie durch Halloumi ersetzen. Die Zubereitung ist die gleiche, die Konsistenz des Halloumi ist etwas fester.

NÄHRWERTE PRO PORTION

565 kcal | 28 g F (10,9 g GFS) | 48 g KH | 7 g Z | 8 g BST | 22 g E | 3,4 g Hafer-Beta-Glucan

MEAL-PREP VEGETARISCH

ANNAS HAFERKORN-SUSHI
mit Avocado

Es muss nicht immer Reis sein. Auch mit Haferkörnern lässt sich ein köstliches Sushi zubereiten. Meine Tochter Anna liebt den Umamigeschmack von Sushi mit Sojasauce, am liebsten mit Gurke oder Avocado.

Für 2 Portionen à 120 g
Zubereitungszeit: 25 Min.
Abkühlzeit: 1 Std.

150 g vorgegarte Haferkörner
1 EL Reisessig
1 TL Zucker
Salz
½ Avocado
2 Noriblätter
Sojasauce

Außerdem:
Sushimatte
Frischhaltefolie

TIPP: Wenn Sie keine Sushimatte haben, können Sie auch nur Frischhaltefolie verwenden. Dies erfordert allerdings ein wenig mehr Übung. Auf Seite 46 f. finden Sie eine Anleitung zum Rollen.

1 Vorgegarte Haferkörner mit 1 EL Wasser beträufeln und erwärmen. Reisessig, Zucker und Salz mischen und unter die Haferkörner heben. Abkühlen lassen.

2 In der Zwischenzeit die Avocado schälen und in feine Streifen schneiden.

3 Frischhaltefolie auf der Sushimatte ausbreiten, darauf ein Noriblatt mit der Längsseite nach unten legen. Die Hälfte der Hafermischung in der Form eines Rechteckes auf dem Noriblatt verteilen, dabei an einer Längsseite einen ca. 2 cm breiten Rand frei lassen. Im unteren Drittel der Sushimatte die Avocadostreifen auf einem ca. 2 cm breiten Streifen platzieren.

4 Die Sushimatte mit Hilfe der Folie von unten nach oben möglichst eng bzw. fest aufrollen.

5 Eine weitere Rolle auf die gleiche Weise formen und die Rollen mindestens eine Stunde im Kühlschrank lagern. Die Rollen aus dem Kühlschrank nehmen, mit der Naht nach unten auf ein Brett legen und mit einem scharfen Messer in 1,5 cm dicke Stücke schneiden. Sushi mit Sojasauce servieren.

NÄHRWERTE PRO PORTION

235 kcal | 9 g F (1,9 g GFS) | 28 g KH | 8 g Z | 6 g BST | 6 g E | 1,7 g Hafer-Beta-Glucan

HAFERKORNSALAT

mit Spinat, Roter Bete und Gorgonzola

Kerniger Hafer, würziger Spinat, erdige Rote Bete, kräftiger Gorgonzola, süßlich-herbe Nüsse - dieser Salat ist eine wahre Geschmacksexplosion. Er lässt sich prima vorbereiten und mitnehmen. Meal prep par excellence.

Für 2 Portionen à 360 g
Zubereitungszeit: 20 Min.

100 g Babyspinat
1 Apfel
250 g gegarte Rote Bete (vakuumiert)
150 g Blauschimmelkäse (z. B. Gorgonzola)
40 g Walnusskerne
200 g vorgegarte Haferkörner

Für das Dressing:

3 EL Olivenöl
4 EL Apfelessig
Salz
Pfeffer
1 Prise Zucker

1 Babyspinat waschen, trocken schleudern und grob zerpflücken.

2 Apfel waschen und fein würfeln, Rote Bete in kleine Würfel schneiden, Käse zerbröckeln und Walnüsse grob hacken.

3 Alles zusammen mit den gegarten Haferkörnern in eine Schüssel geben.

4 Für das Dressing das Öl mit Essig, Salz, Pfeffer und Zucker verquirlen, nach Belieben 1–2 EL Wasser unterrühren.

5 Das Dressing über den Haferkornsalat gießen und locker unterheben.

VARIANTE: Für eine fettarme Variante ersetzen Sie den Gorgonzola durch Mozzarella oder Burrata. Beide Frischkäsesorten sind eher mild im Geschmack.

NÄHRWERTE PRO PORTION

851 kcal | 54 g F (18,4 g GFS) | 53 g KH | 25 g Z | 12 g BST | 26 g E | 2,2 g Hafer-Beta-Glucan

GLUTENFREI MEAL-PREP VEGAN

KICHERERBSENSALAT

mit Haferkorn und Gemüse

Kichererbsen machen lange satt und sind ein guter Eiweißlieferant. Hier werden sie kombiniert mit frischem Gemüse und Haferkörnern. Dieser Salat ist nicht nur lecker und leicht, er lässt sich auch gut vorbereiten und mitnehmen.

Für 4 Portionen à 230 g
Zubereitungszeit: 15 Min.

1 Dose Kichererbsen
(240 g Abtropfgewicht)
60 g Mais (aus der Dose)
1 rote Zwiebel
1 Möhre
100 g Gurke
100 g Cherrytomaten
1 rote Paprika
200 g vorgegarte Haferkörner

Für das Dressing:

½ Zitrone
1 EL Olivenöl
1 EL Mandelmus
Salz
Pfeffer

1 Kichererbsen und Mais in ein Sieb abgießen, mit Wasser abbrausen und abtropfen lassen.

2 Zwiebel abziehen und in Streifen schneiden. Möhre waschen, schälen und mit einem Juliennemesser längs in Streifen schneiden.

3 Gurke und Tomaten waschen und putzen. Gurke würfeln, Tomaten vierteln. Paprika waschen, putzen, entkernen und klein schneiden.

4 Haferkörner in eine Salatschüssel geben. Kichererbsen, Mais und das Gemüse hinzufügen.

5 Für das Dressing die Zitrone auspressen. Zitronensaft mit Olivenöl, Mandelmus, Salz und Pfeffer verrühren und über den Salat geben. Alles gut vermengen.

VARIANTE: Statt mit Kichererbsen können Sie den Salat auch mit weißen Bohnen (aus der Dose) zubereiten.

NÄHRWERTE PRO PORTION

273 kcal | 10 g F (1,4 g GFS) | 31 g KH | 6 g Z | 8 g BST | 9 g E | 1,1 g Hafer-Beta-Glucan

MEAL-PREP VEGETARISCH

KARTOFFELSALAT
mit Haferkorn

Kartoffelsalat ist ein fester Bestandteil der deutschen Küche und wird je nach Region und Familienrezept unterschiedlich zubereitet – wir in Münster verwenden neben Kartoffeln auch eine ordentliche Portion Haferkörner.

Für 4 Portionen à 360 g
Zubereitungszeit: 35 Min.
Ziehzeit: 1 Std.

600 g festkochende Kartoffeln
Salz
2 Zwiebeln
4 EL Rapsöl
300 ml Gemüsebrühe
4 EL Weißweinessig
1 EL Senf
Pfeffer
1 TL Zucker
400 g vorgegarte Haferkörner
50 g Gewürzgurken
1 Bund Schnittlauch

1 Kartoffeln mit Schale in reichlich Salzwasser in ca. 20 Min. gar kochen. Abgießen und ausdampfen lassen. Dann noch warm pellen, in dünne Scheiben schneiden und in eine Salatschüssel geben.

2 Zwiebeln abziehen und fein würfeln. 1 EL Öl in einem Topf erhitzen, darin die Zwiebeln andünsten. Brühe dazugeben, kurz aufkochen lassen, dann vom Herd nehmen. Essig, Senf, Salz, Pfeffer und Zucker einrühren.

3 Die heiße Brühe über die Kartoffeln gießen. Den Hafer dazugeben und alles gut mischen.

4 Die Gewürzgurken klein würfeln und unterheben. Den Salat zugedeckt mindestens 1 Stunde ziehen lassen.

5 In der Zwischenzeit den Schnittlauch waschen, trocknen, und in feine Röllchen schneiden.

6 Das restliche Öl (3 EL) unter den Salat heben. Den Salat mit Salz, Pfeffer und Gurkenwasser abschmecken und mit Schnittlauchröllchen bestreuen.

NÄHRWERTE PRO PORTION

385 kcal | 14 g F (1,7 g GFS) | 50 g KH | 5 g Z | 7 g BST | 9 g E | 2,2 g Hafer-Beta-Glucan

TIPP: Lassen Sie den Salat gut durchziehen und abkühlen. Wird er kalt gegessen, liefert er viel resistente Stärke.

HAFERKORNBOWL
mit Lachs

Diese trendige Super(food)bowl bietet nahezu unendliche Kombinationsmöglichkeiten. Sie können die Zutaten ganz nach Ihren Vorlieben anpassen. Hier stellen wir eine leckere Variante mit Omega-3-reichem Lachs vor.

Für 4 Portionen à 280 g
Zubereitungszeit: 40 Min.

250 g vorgegarte Haferkörner
250 g Süßkartoffeln
2 TL Rapsöl
10 Radieschen
1 Avocado
1 EL Limettensaft
Salz
4 EL Sojasauce
2 EL Reisessig
1 TL Zucker
1 Knoblauchzehe
1 Frühlingszwiebel
250 g Lachsfilet
Pfeffer

VARIANTE: Wenn es schneller gehen soll, können Sie Stremellachs statt Lachsfilet verwenden.

TIPP: Wildlachs ist besonders gesund, hat wenig Fett und viel Eiweiß und Omega-3-Fettsäuren.

1 Hafer mit etwas Wasser beträufeln und kurz erwärmen. Süßkartoffeln schälen und in Würfel schneiden. In einer Pfanne 1 TL Rapsöl erhitzen, darin die Süßkartoffeln anbraten. Etwas Wasser angießen, die Pfanne schließen und die Süßkartoffeln ca. 15 Min. andünsten.

2 Radieschen putzen, waschen und in Scheiben schneiden. Avocado halbieren, das Fruchtfleisch schälen, würfeln, mit etwas Limettensaft beträufeln und salzen.

3 Für das Dressing Sojasauce mit Reisessig, Zucker und restlichem Limettensaft verrühren. Knoblauch schälen und dazupressen. Frühlingszwiebel putzen und in feine Ringe schneiden. Die Hälfte zum Dressing geben.

4 Restliches Öl (1 TL) in einer Pfanne erhitzen. Lachsfilet salzen, pfeffern und 5 Min. auf beiden Seiten anbraten.

5 Den Hafer auf vier große Schalen verteilen. Den Lachs zerpflücken und zusammen mit Radieschen, Avocado und Süßkartoffeln darauf anrichten, Frühlingszwiebeln und Dressing darübergeben.

NÄHRWERTE PRO PORTION

393 kcal | 17 g F (3,5 g GFS) | 36 g KH | 8 g Z | 8 g BST | 18 g E | 1,4 g Hafer-Beta-Glucan

MEAL-PREP · SCHNELL · VEGETARISCH

HAFERKORNBOWL
mit Tofu

Die vielseitige Haferbowl haben wir hier mit Tofu als vegetarische Mahlzeit zubereitet. In Kombination mit einem frischen, cremigen Dressing ist sie in wenigen Minuten servierfertig.

Für 4 Portionen à 430 g
Zubereitungszeit: 25 Min.

1 Brokkoli
Salz
200 g Tofu natur
2 EL Rapsöl
2 EL Sojasauce
400 g vorgegarte Haferkörner
1 Dose Kichererbsen
(240 g Abtropfgewicht)
250 g Cherrytomaten
1 Avocado

Für das Dressing:
150 g Joghurt
4 TL Senf
2 TL Agavendicksaft
3 EL Rapsöl
2 EL Aceto balsamico
Salz
Pfeffer

1 Brokkoli waschen und in Röschen schneiden. In einem Topf Salzwasser zum Kochen bringen. Die Brokkoliröschen darin 2 Min. blanchieren, dann in ein Sieb abgießen und mit eiskaltem Wasser abschrecken.

2 Tofu trocken tupfen und in Würfel schneiden. Rapsöl in einer Pfanne erhitzen, darin den Tofu rundum scharf anbraten. Hitze reduzieren und den Tofu mit Sojasauce ablöschen. Haferkörner und 1–2 EL Wasser dazugeben und kurz erwärmen.

3 Kichererbsen in ein Sieb abgießen, mit Wasser abbrausen und abtropfen lassen.

4 Tomaten waschen und halbieren. Avocado halbieren, entsteinen, schälen und in Scheiben schneiden.

5 Die vorbereiteten Zutaten in vier großen Schalen anrichten.

6 Joghurt, Senf, Agavendicksaft, Rapsöl, Aceto balsamico, Salz und Pfeffer in ein verschließbares Gefäß geben und kräftig schütteln. Das Dressing über die Bowls geben.

NÄHRWERTE PRO PORTION
576 kcal | 27 g F (4,7 g GFS) | 49 g KH | 11 g Z | 13 g BST | 24 g E | 2,2 g Hafer-Beta-Glucan

HAFERKORN-CURRY-BOWL

Die gerösteten, krossen Kichererbsen sind ein spannender Kontrast zu den anderen Zutaten dieser Bowl. Mit der Wahl des Currypulvers können Sie die Schärfe bestimmen, das Angebot reicht von mild bis feurig.

Für 2 Portionen à 400 g
Zubereitungszeit: 30 Min.

1 Dose Kichererbsen (240 g Abtropfgewicht)
1 EL Olivenöl
1 TL Currypulver
1 TL edelsüßes Paprikapulver
Salz
1 Prise Pfeffer
100 g Blattspinat
70 g Cherrytomaten
400 g vorgegarte Haferkörner
½ Zitrone
1 EL Tahin (Sesampaste)

1 Backofen auf 180° (Ober-/Unterhitze) vorheizen. Kichererbsen in ein Sieb abgießen, mit Wasser abbrausen und abtropfen lassen

2 Kichererbsen in einer Schüssel mit 1 TL Olivenöl, Currypulver, Paprikapulver, ½ TL Salz und Pfeffer vermischen. Die Mischung auf einem mit Backpapier ausgelegten Backblech verteilen und ca. 20 Min. backen.

3 Inzwischen den Blattspinat in einem Sieb abbrausen und abtropfen lassen. Cherrytomaten waschen und halbieren.

4 Haferkörner mit 2 EL Wasser beträufeln und kurz in der Mikrowelle erwärmen.

5 Zitrone auspressen, den Zitronensaft mit Tahin, ½ TL Salz, restlichem Olivenöl und 4 EL Wasser zu einem Dressing verrühren.

6 Haferkörner auf zwei große Schalen verteilen. Blattspinat, Kichererbsen und Cherrytomaten dazu anrichten. Das Dressing über die Bowls träufeln.

NÄHRWERTE PRO PORTION

660 kcal | 21 g F (3,7 g GFS) | 82 g KH | 5 g Z | 17 g BST | 23 g E | 4,5 g Hafer-Beta-Glucan

SCHNELL VEGAN

HAFERKORN-MISO-SUPPE

für die Haferkorntage geeignet

Miso-Suppe ist aus der japanischen Küche nicht wegzudenken. Mit Hafer angereichert, ist sie perfekt für die Haferkorntage geeignet – und so lecker, dass Sie sie auch zu anderen Gelegenheiten genießen werden.

Für 4 Portionen à 500 g
Zubereitungszeit: 25 Min.

100 g Möhre
100 g rote Paprika
100 g Pak Choi
400 g vorgegarte Haferkörner
Salz
2 EL Miso-Paste
1 EL Algenflocken
1 Frühlingszwiebel
3 Stängel Schnittlauch
1 EL Sojasauce

GUT ZU WISSEN

Bei Miso-Paste handelt es sich um eine fermentierte pflanzliche Paste, deren Hauptbestandteil Sojabohnen sind. Die Paste ist in Japan ein beliebtes Würzmittel. Sie enthält unter anderem Milchsäurebakterien und ist so eine natürliche Quelle für gesunde Probiotika.

1 Möhre waschen, schälen und mit einem Sparschäler in lange Streifen schneiden. Paprika waschen, entkernen und in Streifen schneiden. Pak Choi waschen, trocknen und grob hacken.

2 Haferkörner mit 1–1,5 l Salzwasser in einen großen Topf geben und aufkochen.

3 Miso-Paste und Algenflocken einrühren, Gemüse hinzufügen und 5–10 Min. köcheln lassen.

4 Frühlingszwiebel und Schnittlauch waschen, putzen und in feine Röllchen schneiden.

5 Die Suppe vom Herd nehmen, mit Sojasauce würzen, mit Frühlingszwiebel und Schnittlauch bestreuen und servieren.

VARIANTE: Sie können die Suppe mit verschiedenen Gemüsesorten zubereiten, Pak Choi lässt sich zum Beispiel gut durch Spinat, Mangold oder Chinakohl ersetzen. Auch 300 g TK-Gemüse ist gut geeignet, zum Beispiel Asia-Gemüse.

NÄHRWERTE PRO PORTION

216 kcal | 4 g F (0,9 g GFS) | 31 g KH | 4 g Z | 8 g BST | 7 g E | 2,2 g Hafer-Beta-Glucan

GLUTENFREI VEGAN

HAFERKORN-MINESTRONE

für die Haferkorntage geeignet

Diese gesunde Minestrone kann perfekt als herzhafte Mahlzeit an den Haferkorntagen eingesetzt werden. Sie ist aber auch ein leckeres, wärmendes Mittagessen in der kalten Jahreszeit und ist gut zu variieren.

Für 4 Portionen à 480 g
Zubereitungszeit: 15 Min.
Garzeit: 40 Min.

100 g Möhre
60 g Knollensellerie
60 g Pastinake
70 g Porree
130 g rohe Haferkörner
1 Zweig Thymian
Salz
3 Stängel Schnittlauch

1 Möhre, Knollensellerie und Pastinake waschen, schälen und klein schneiden. Porree waschen, putzen und in Ringe schneiden.

2 Gemüse mit 2 EL Wasser in einen großen Topf geben, erhitzen und etwa 2 Min. andünsten.

3 Haferkörner, Thymianzweig und 1 EL Salz hinzufügen. Mit 1,5 l Wasser aufgießen und ca. 40 Min. köcheln lassen. Gelegentlich umrühren.

4 Schnittlauch waschen, trocknen und in Röllchen schneiden. Die fertige Minestrone auf vier Teller verteilen und mit Schnittlauchröllchen bestreuen.

TIPP: Kochen Sie für die Minestrone die Haferkörner in Gemüsebrühe vor. Das verleiht der Suppe einen würzigen Grundgeschmack.

VARIANTE: Beim Gemüse können Sie nach Ihrem Geschmack variieren und zum Beispiel auch Kartoffeln, Zucchini und etwas Petersilienwurzel verwenden.

NÄHRWERTE PRO PORTION

135 kcal | 2 g F (0,5 g GFS) | 21 g KH | 2 g Z | 5 g BST | 4 g E | 1,5 g Hafer-Beta-Glucan

GLUTENFREI · MEAL-PREP

SOPHIES HAFERKORNSUPPE
nach Bündner Art

Diese Suppe lässt Sophie, unsere Studentin der Ernährungswissenschaften, von ihrer Schweizer Heimat träumen. Selbst wenn keine Berge in Sicht sind, schmeckt sie genauso köstlich, wie sie es von zu Hause kennt.

Für 4 Portionen à 500 g
Zubereitungszeit: 20 Min.
Garzeit: 30 Min.

1 Zwiebel
150 g Möhren
100 g Lauch
150 g Knollensellerie
2 EL Butter
100 g Rohschinkenwürfel
100 g vorgegarte Haferkörner
100 g vorgegarte Gerste
1400 ml Fleischbrühe
1 Lorbeerblatt
1 Gewürznelke
½ Bund Schnittlauch
200 g Hafersahne (Hafercuisine)
Salz
Pfeffer

GUT ZU WISSEN

Gerste enthält etwa genauso viel Beta-Glucan wie Hafer. Auf Seite 27 wird beschrieben, wie Sie Gerste vorkochen.

1 Zwiebel, Möhren, Lauch und Sellerie putzen und fein hacken.

2 In einem großen Topf die Butter erhitzen, darin die Zwiebel glasig andünsten. Möhren, Lauch, und Sellerie dazugeben und mitdünsten.

3 Schinken, Hafer und Gerste zugeben und ebenfalls kurz mitdünsten. Die Fleischbrühe angießen, Lorbeerblatt und Nelke in die Suppe geben, aufkochen und bei kleiner Hitze 25–30 Min. kochen. Zwischendurch ab und zu umrühren.

4 In der Zwischenzeit den Schnittlauch abbrausen und in Röllchen schneiden.

5 Lorbeerblatt und Nelke aus der Suppe entfernen. Hafersahne einrühren, die Suppe mit Salz und Pfeffer würzen und kurz durchziehen lassen.

6 Die Suppe in vorgewärmte Teller geben. Mit Schnittlauchröllchen garnieren und servieren.

NÄHRWERTE PRO PORTION

292 kcal | 17 g F (6,6 g GFS) | 20 g KH | 6 g Z | 5 g BST | 12 g E | 0,7 g Hafer-Beta-Glucan

MEAL-PREP · VEGETARISCH

LINSEN-HAFERKORN-EINTOPF

Ein Topf voller Linsen zaubert ein Grinsen. Linsen sind von Natur aus eiweiß- und ballaststoffreich, dadurch sorgen sie für eine langanhaltende Sättigung und sind ideal, um das Gewicht zu reduzieren.

Für 4 Portionen à 450 g
Zubereitungszeit: 15 Min.
Garzeit: 30 Min.

1 Zwiebel
3 Knoblauchzehen
1 Möhre
200 g Kartoffeln
1 Stange Staudensellerie
2 EL Rapsöl
200 g Tellerlinsen
1 EL Tomatenmark
1 EL Gemüsebrühe
1 Lorbeerblatt
1 TL edelsüßes Paprikapulver
200 g vorgegarte Haferkörner
Salz

GUT ZU WISSEN

Linsen sind nicht nur sehr nahrhaft, sondern haben auch einen hohen Anteil an Eiweiß. Statt Tellerlinsen sind auch die etwas kleineren, aromatischen Berglinsen gut für Suppen geeignet.

1 Zwiebel und Knoblauch abziehen und in Würfel schneiden. Möhre und Kartoffeln waschen, schälen und klein schneiden. Sellerie waschen, putzen und in Streifen schneiden.

2 Rapsöl in einer Pfanne erhitzen. Zwiebel, Möhre, Sellerie und Knoblauch in die Pfanne geben und 2–3 Min. anbraten.

3 Tellerlinsen in einem Sieb so lange abspülen, bis das Wasser klar ist. Zusammen mit den Kartoffeln in die Pfanne geben, Tomatenmark, Gemüsebrühe, Lorbeerblatt und Paprikapulver hinzufügen, 800 ml Wasser angießen und den Eintopf ca. 20 Min. köcheln lassen.

4 Haferkörner dazugeben und weitere 10 Min. köcheln lassen.

5 Den Eintopf salzen, auf vier Teller verteilen und servieren.

NÄHRWERTE PRO PORTION

346 kcal | 8 g F (1,0 g GFS) | 44 g KH | 4 g Z | 13 g BST | 16 g E | 1,1 g Hafer-Beta-Glucan

BALKANTOPF
mit Haferkorn

Der Balkantopf ist ein Allrounder. Sie können ihn zum Abendessen mit etwas frischem Brot genießen oder als Beilage zu einem Fleischgericht servieren. Im Sommer ist er ein leckerer Begleiter für eine Grillparty.

Für 4 Portionen à 280 g
Zubereitungszeit: 45 Min.

1 große Zwiebel
150 g rote Paprika
120 g Möhren
100 g Tomaten
1 EL Rapsöl
400 g vorgegarte Haferkörner
2 EL Tomatenmark
2 Lorbeerblätter
Salz
Pfeffer

1 Zwiebel abziehen und klein schneiden. Paprika, Möhren und Tomaten waschen und in kleine Würfel schneiden.

2 Öl in einem Topf erhitzen und die Zwiebel glasig werden lassen. Paprika, Möhren und Tomaten dazugeben und weitere 2 Min. braten.

3 Haferkörner in einem Sieb abbrausen und ebenfalls in den Topf geben.

4 Tomatenmark, Lorbeerblätter und 200 ml Wasser zugeben. Alles gut durchrühren, aufkochen lassen und zugedeckt weitere 15 Min. köcheln lassen. Mit Salz und Pfeffer würzen.

5 Den Balkantopf 10 Min. ziehen lassen. Die Lorbeerblätter entfernen und den Balkantopf servieren.

VARIANTE: Sie mögen es gern würzig und scharf? Dann fügen Sie eine Chilischote hinzu: einfach putzen, entkernen, klein schneiden und mit den Möhren in den Topf geben.

NÄHRWERTE PRO PORTION

231 kcal | 6 g F (1,0 g GFS) | 33 g KH | 5 g Z | 7 g BST | 6 g E | 2,2 g Hafer-Beta-Glucan

VEGETARISCH

JOLANTAS BIGOS

Diese polnische Spezialität hat unsere Ärztin Jolanta aus ihrer Heimat für uns mitgebracht. Sonst sehr gehaltvoll, wird diese Variante statt mit Fleisch mit Haferkörnern zubereitet. Traditionell und gleichzeitig innovativ.

Für 10 Portionen à 350 g
Zubereitungszeit: 30 Min.
Garzeit: 2 Std.

1 mittelgroßer Weißkohl (1 kg)
500 ml Gemüsebrühe
250 g Möhren
150 g Sellerie
2 Äpfel
150 g Zwiebeln
700 g Sauerkraut
20 g getrocknete Pilze
120 ml Rapsöl
1 Prise Piment
4–5 Lorbeerblätter
2–3 Wacholderbeeren (nach Belieben)
400 g vorgegarte Haferkörner
150 g Tomatenmark
1 EL Zucker
Salz
Pfeffer

VARIANTE: Wenn Sie es etwas deftiger mögen, schneiden Sie 400 g Kasseler in kleine Stücke und geben es mit dem Sauerkraut dazu.

1 Weißkohl putzen, die äußeren Blätter und den Strunk entfernen. Den Weißkohl in Streifen schneiden. Mit der Gemüsebrühe in einen Topf geben, zum Kochen bringen und ca. 15 Min. köcheln lassen.

2 In der Zwischenzeit Möhren und Sellerie schälen, putzen, waschen und klein schneiden. Äpfel waschen, entkernen und ebenfalls klein schneiden. Zwiebeln abziehen und fein würfeln.

3 Möhren, Sellerie, Zwiebeln und Äpfel zusammen mit Sauerkraut und getrockneten Pilzen zum Weißkohl geben. Rapsöl, Piment, Lorbeerblätter und Wacholderbeeren (nach Belieben) dazugeben.

4 Das Ganze etwa 2 Std. köcheln lassen, dabei immer wieder umrühren. Bei Bedarf noch ein wenig Brühe oder Wasser hinzugeben.

5 Am Ende der Garzeit Haferkörner, Tomatenmark und Zucker hinzufügen. Salzen, pfeffern und noch ein paar Minuten köcheln lassen. Die Lorbeerblätter herausfischen und den Bigos servieren.

NÄHRWERTE PRO PORTION

259 kcal | 14 g F (1,5 g GFS) | 22 g KH | 10 g Z | 9 g BST | 5 g E | 0,9 g Hafer-Beta-Glucan

SCHNELLE TASSE
mediterran

Mediterran, praktisch, gut! Diese schnelle Tasse steht in wenigen Minuten auf dem Tisch, ist lecker würzig und sorgt für Mittelmeerfeeling. Eine extra Portion Eisen ist inbegriffen.

Für 2 Portionen à 300 g
Zubereitungszeit: 10 Min.

140 g TK-Blattspinat
200 g vorgegarte Haferkörner
2 Eier
30 g getrocknete Tomaten in Öl
40 g Feta
½ TL Salz
½ TL italienische Kräuter

1 Blattspinat in ein mikrowellengeeignetes Gefäß geben und 1 Min. in der Mikrowelle erhitzen. Überschüssige Flüssigkeit wegschütten.

2 Haferkörner mit dem Spinat vermengen. Eier hinzufügen und gut verrühren.

3 Getrocknete Tomaten und Feta klein schneiden und unter die Haferkorn-Spinat-Mischung heben. Mit Salz und italienischen Kräutern würzen.

4 Die Masse auf zwei Tassen verteilen und in der Mikrowelle etwa 4 Min. auf höchster Stufe backen.

VARIANTE: Den Feta können Sie auch durch frisch geriebenen Parmesan ersetzen.

NÄHRWERTE PRO PORTION

343 kcal | 15 g F (5,5 g GFS) | 30 g KH | 3 g Z | 6 g BST | 17 g E | 2,2 g Hafer-Beta-Glucan

SCHNELLE TASSE
asiatisch

Fünf Köstlichkeiten und zehn Minuten Zeit – mehr brauchen Sie nicht, um ein leckeres Essen auf den Tisch zu bringen. Das klappt auch nach einem langen Arbeitstag oder in einer kurzen Mittagspause.

Für 2 Portionen à 210 g
Zubereitungszeit: 10 Min.

130 g vorgegarte Haferkörner
160 g TK-Asia-Gemüsemix
2 Eier
Salz
¼ TL Gemüsebrühe

1 Haferkörner und Asia-Gemüse in einer Schüssel mischen.

2 In einer kleinen Schüssel die Eier verquirlen, Salz und die Gemüsebrühe unterrühren. Zu der Haferkorn-Gemüse-Mischung geben und gut miteinander vermengen.

3 Die Masse auf zwei große Tassen verteilen und in der Mikrowelle auf höchster Stufe 3–4 Min. backen.

VARIANTE: Für eine mexikanische Variante verwenden Sie einen Gemüsemix aus Zuckererbsen, Mais und schwarzen Bohnen. Das Ganze würzen Sie mit einem Spritzer Tabasco oder Chiliflocken.

GUT ZU WISSEN

Die TK-Gemüsemischungen unterscheiden sich je nach Anbieter. In der Regel sind Möhren, Mungbohnensprossen, Lauch, Paprika, Mu-Err-Pilze darin enthalten. Oft auch Spinat, Bambussprossen oder Zuckererbsenschoten. Probieren Sie aus, was Ihnen am besten schmeckt.

NÄHRWERTE PRO PORTION

204 kcal | 7 g F (1,9 g GFS) | 21 g KH | 3 g Z | 5 g BST | 10 g E | 1,5 g Hafer-Beta-Glucan

VEGETARISCH

FRIED OATS

Sie mögen asiatische Reispfannen? Dann probieren Sie dieses Rezept aus – Sie werden es lieben! Es überzeugt mit dem extra nussigen Haferbiss und toppt jede Variante mit Reis.

Für 2 Portionen à 380 g
Zubereitungszeit: 40 Min.

1 Frühlingszwiebel
200 g Chinakohl
120 g Möhren
100 g rote Paprika
1 EL Erdnussöl
300 g vorgegarte Haferkörner
2 Eier
2 TL Sesamöl
150 g TK-Erbsen
Salz
Pfeffer
5 EL Sojasauce
1 TL Reisessig
2–3 EL gesalzene Erdnüsse (nach Belieben)

1 Frühlingszwiebel waschen und in feine Ringe schneiden. Chinakohl waschen, putzen und in feine Streifen schneiden. Möhren schälen und in kleine Würfel schneiden. Paprika waschen, putzen und in kleine Würfel schneiden.

2 Erdnussöl in einer Pfanne erhitzen, Haferkörner darin unter Rühren 5 Min. anbraten, herausnehmen und zur Seite stellen.

3 Eier mit 1 TL Sesamöl verrühren, salzen und pfeffern. Eiermasse in die Pfanne gießen und unter Rühren stocken lassen. Das Rührei herausnehmen und zur Seite stellen.

4 Das restliche Sesamöl (1 TL) in der Pfanne erhitzen, das vorbereitete Gemüse und die Erbsen dazugeben und 5 Min. anbraten. Mit Salz und Pfeffer würzen. Den gebratenen Hafer, Sojasauce und Reisessig dazugeben und 10 Min. weiterbraten. Das Rührei unterheben.

5 Fried Oats in kleine Schälchen füllen. Nach Belieben Erdnüsse grob hacken und darüber streuen.

VARIANTE: Wenn es schnell gehen soll, können Sie einen TK-Asia-Gemüsemix verwenden.

NÄHRWERTE PRO PORTION

549 kcal | 19 g F (4,1 g GFS) | 60 g KH | 10 g Z | 16 g BST | 23 g E | 3,4 g Hafer-Beta-Glucan

VEGETARISCH GLUTENFREI

MEDITERRANE HAFERKORNTARTE

Diese Tarte ist ein Augen- und Gaumenschmaus und zaubert mediterranes Flair auf den Teller. Hafer versteckt sich in Form von Mehl bereits im Teig, dank der Haferkörner hat der Belag einen tollen Biss.

Für 1 Tarte; 6 Stücke à 190 g
Zubereitungszeit: 35 Min.
Backzeit: 50 Min.

Für den Teig:
250 g Hafermehl
1 Ei
20 ml Olivenöl
Salz

Für den Belag:
2 Stiele Oregano
4 Stiele Thymian
3 Eier
150 g Frischkäse (halbfett)
50 g Milch
Salz
Pfeffer
Muskat
80 g getrocknete Tomaten
150 g Kirschtomaten
120 g Feta
150 g vorgegarte Haferkörner
250 g Babyspinat
40 g Pinienkerne

Außerdem:
1 Tarteform (26 cm Ø)
oder
1 Springform (26 cm Ø)
Pflanzenöl für die Form

1 Backofen auf 180° (Ober/Unterhitze) vorheizen.

2 Hafermehl mit Ei, Olivenöl, ½ TL Salz und 70 ml Wasser zu einem geschmeidigen Teig verarbeiten. In Frischhaltefolie wickeln und 20 Min. in den Kühlschrank legen.

3 Kräuter waschen, trocken tupfen, die Blättchen abzupfen und fein hacken. In einer Schüssel die Eier mit Frischkäse und Milch verquirlen. Kräuter, ½ TL Salz, etwas Pfeffer und Muskat unterrühren.

4 Getrocknete Tomaten mit heißem Wasser übergießen und kurz einweichen lassen. Kirschtomaten waschen und halbieren. Feta fein würfeln. Getrocknete Tomaten leicht ausdrücken und grob schneiden.

5 Den Teig aus der Frischhaltefolie nehmen und zwischen zwei Bögen Backpapier ausrollen. Die Form mit etwas Pflanzenöl einfetten. Teig in die Form legen und gut andrücken. Haferkörner, Babyspinat, getrocknete Tomaten und Kirschtomaten darauf verteilen. Die Eier-Milch-Mischung darüber gießen. Tarte mit Feta und Pinienkernen bestreuen und etwa 50 Min. backen.

NÄHRWERTE PRO STÜCK

464 kcal | 21 g F (7,0 g GFS) | 41 g KH | 5 g Z | 6 g BST | 21 g E | 2,4 g Hafer-Beta-Glucan

VEGETARISCH GLUTENFREI

ZUCCHINI-HAFERKORN-AUFLAUF

Zucchini, Tomaten, Knoblauch und nicht zuletzt frischer Dill – diese Kombination ergibt ein köstliches Aroma. Haferkörner sorgen für den Biss und eine cremige Joghurthaube rundet den Genuss ab.

Für 4 Portionen à 375 g
Zubereitungszeit: 30 Min.
Backzeit: 25 Min.

400 g Zucchini
1 Zwiebel
2 Knoblauchzehen
50 g Tomaten
1 EL Olivenöl
1 TL edelsüßes Paprikapulver
360 g vorgegarte Haferkörner
250 ml Gemüsebrühe
½ Bund Dill
Salz
1 Prise Pfeffer
2 Eier
150 g Joghurt
20 g Hafermehl
½ TL Knoblauchpulver
30 g Parmesan

1 Backofen auf 180° (Ober-/Unterhitze) vorheizen.

2 Zucchini waschen und in kleine Würfel schneiden. Zwiebel und Knoblauch abziehen und ebenfalls klein schneiden. Tomaten waschen und klein schneiden.

3 Olivenöl in einer Pfanne erhitzen, Zwiebel und Knoblauch anbraten und die Zucchini dazugeben. Weitere 5 Min. anbraten und gelegentlich umrühren. Paprikapulver dazugeben und die vorgegarten Haferkörner unterheben. Mit Gemüsebrühe ablöschen und 5 Min. köcheln lassen.

4 Den Dill waschen, abtrocknen, hacken und dazugeben. Alles mit Salz und Pfeffer würzen und in eine Auflaufform füllen.

5 In einer kleinen Schüssel Eier mit Joghurt, Hafermehl, Salz und Knoblauchpulver verrühren. Die Masse auf dem Auflauf verteilen. Den Parmesan reiben und darüberstreuen.

6 Den Auflauf ca. 25 Min. backen, bis die Kruste goldbraun wird.

TIPP: Dazu passt ein frischer Blattsalat mit Tomaten und Radieschen.

NÄHRWERTE PRO PORTION

326 kcal | 12 g F (4,2 g GFS) | 35 g KH | 6 g Z | 6 g BST | 14 g E | 2,2 g Hafer-Beta-Glucan

VEGETARISCH

HAFERKORN-RISOTTO

mit Gorgonzola, Birne und Walnüssen

Das typische Risotto aus Reis hat einen leichten Biss und ist ansonsten cremig, das gelingt auch mit Haferkörnern. Damit ist Haferkorn-Risotto so vielseitig wie das Original. Köstlich ist unsere Kombination aus deftig und süß.

Für 2 Portionen à 380 g
Zubereitungszeit: 40 Min.

2 Schalotten
1 EL Butter
1 EL Olivenöl
350 g vorgegarte Haferkörner
1 Schuss Weißwein
200 ml heiße Gemüsebrühe
1 kleine reife Birne
100 g Gorgonzola
30 g Walnusskerne
3–4 Stiele glatte Petersilie
frisch gemahlener Pfeffer
Salz

1 Die Schalotten abziehen und fein hacken.

2 Butter und Olivenöl in einem Topf erhitzen. Schalotten darin kurz andünsten, anschließend den gegarten Hafer hinzufügen und rühren, bis alle Haferkörner mit Fett überzogen sind.

3 Mit Weißwein ablöschen, anschließend nach und nach die heiße Gemüsebrühe hinzufügen und ca. 25 Min. garen. Dabei immer wieder umrühren, damit der Hafer nicht am Topfboden kleben bleibt.

4 Die Birne waschen, vierteln, entkernen und in kleine Würfel schneiden. Gorgonzola würfeln, Walnusskerne hacken, Petersilie waschen, trocken tupfen und fein hacken.

5 Birne, Gorgonzola, Walnusskerne und die gehackte Petersilie kurz vor Ende der Garzeit zum Risotto geben. Mit frisch gemahlenem Pfeffer und wenig Salz würzen.

6 Das Haferkorn-Risotto vom Herd nehmen, noch einige Minuten mit geschlossenem Deckel durchziehen lassen, dann servieren.

NÄHRWERTE PRO PORTION

761 kcal | 44 g F (16,5 g GFS) | 59 g KH | 10 g Z | 11 g BST | 22 g E | 3,9 g Hafer-Beta-Glucan

VEGETARISCH GLUTENFREI

BAUERNOMELETT
mit Haferkorn

Ein deftiges Bauernomelett gehört zur klassischen Hausmannskost. In unserer Variante erhalten Sie mit Haferkörnern, Eiern und Rapsöl eine Extraportion gesundes Eiweiß und Fett. Lassen Sie es sich schmecken!

2 Portionen à 250 g
Zubereitungszeit: 30 Min.

200 g festkochende Kartoffeln
1 Zwiebel
1 TL Rapsöl
150 g vorgegarte Haferkörner
edelsüßes Paprikapulver
Salz
Pfeffer
3 große Eier
6 kleine Gewürzgurken

1 Kartoffeln waschen, schälen und in Scheiben schneiden. In Salzwasser ca. 10 Min. garen. Abtropfen lassen. Zwiebel abziehen, halbieren und in Halbmonde schneiden.

2 Öl in einer beschichteten Pfanne bei mittlerer Stufe erhitzen. Die Hälfte der Kartoffelscheiben in die Pfanne geben und ca. 10 Min. anbraten, bis sie goldbraun sind. Die Hälfte der Zwiebel dazugeben und weitere 3 Min. braten. Die Hälfte der gegarten Haferkörner sowie Paprikapulver, Salz und Pfeffer hinzufügen und gut miteinander vermengen.

3 Ein Ei verquirlen und gleichmäßig auf der Kartoffel-Haferkorn-Mischung verteilen. 2 Min. braten, bis die Masse etwas stockt. Leicht andrücken, damit alle Zutaten zusammenhalten.

4 Nun das Omelett mithilfe eines großen Tellers wenden und auf der anderen Seite weitere 2 Min. braten. Das Omelett herausnehmen und warmhalten und das zweite Omelett ebenso zubereiten.

5 Die Gewürzgurken längs in Scheiben schneiden, die Omeletts damit garnieren und servieren.

NÄHRWERTE PRO PORTION

344 kcal | 12 g F (3,1 g GFS) | 37 g KH | 5 g Z | 6 g BST | 16 g E | 1,7 g Hafer-Beta-Glucan

SCHNELL MEAL-PREP

HAFERKORN-KÖTTBULLAR IN TOMATENSAUCE

Das beliebte schwedische Gericht lässt sich auch ganz leicht am heimischen Herd zubereiten. Der Anteil an Hafer macht es zu einem sättigenden und leckeren Eiweißlieferanten für Groß und Klein.

Für 2 Portionen à 280 g
Zubereitungszeit: 25 Min.

½ Zwiebel
125 g gemischtes Hackfleisch
100 g vorgegarte Haferkörner
Salz
½ TL Pfeffer
2 EL Dinkelmehl
1 EL Rapsöl
400 g passierte Tomaten (aus der Dose)
1 TL Gemüsebrühe
1 TL mediterrane Kräuter
½ TL Zucker

1 Zwiebel abziehen, und in kleine Würfel schneiden.

2 Hackfleisch mit Haferkörnern, ½ TL Salz, Pfeffer und den Zwiebelwürfeln gut vermischen.

3 Aus der Masse kleine Kugeln formen und in Dinkelmehl wälzen.

4 Das Rapsöl in einem Topf erhitzen und die Köttbullar darin goldbraun anbraten.

5 Passierte Tomaten dazugeben und aufkochen. Gemüsebrühe, mediterrane Kräuter, Zucker und etwas Salz hinzufügen. Etwa 10 Min. köcheln lassen oder bis die Sauce eingedickt ist.

TIPP: Zu den Köttbullar schmeckt Kartoffelpüree sehr lecker. Sie können sie aber auch mit Reis oder Nudeln servieren oder natürlich mit Haferkörnern.

NÄHRWERTE PRO PORTION

357 kcal | 18 g F (5,6 g GFS) | 27 g KH | 6 g Z | 5 g BST | 17 g E | 1,1 g Hafer-Beta-Glucan

VEGETARISCH

ROSENKOHL-HAFERKORN-AUFLAUF

Rosenkohl ist ein feines Wintergemüse und harmoniert mit seinem würzig-nussigen Geschmack gut mit Haferkörnern. Dieser aromatische Auflauf ist perfekt nicht nur für kalte Tage.

Für 4 Portionen à 300 g
Zubereitung: 25 Min.
Backzeit: 25 Min.

300 g Rosenkohl
Salz
1 Zwiebel
2 Knoblauchzehen
1 Möhre
1 EL Olivenöl
1 TL edelsüßes Paprikapulver
250 g Haferkörner
200 ml Hafersahne (Hafercuisine)
½ TL Pfeffer
2 Eier
170 g Joghurt
1 EL Hafermehl

1 Backofen auf 180° (Ober-/Unterhitze) vorheizen.

2 Rosenkohl waschen, putzen und den Strunk der Röschen mit einem scharfen Messer kreuzweise einschneiden. Rosenkohl in Salzwasser geben, erhitzen und ca. 8 Min. garen. In ein Sieb abgießen, mit kaltem Wasser abbrausen und zur Seite stellen.

3 Zwiebel und Knoblauch abziehen und fein hacken. Möhre waschen, schälen und in kleine Würfel schneiden. Olivenöl in einer Pfanne erhitzen und die Zwiebel darin glasig anbraten. Möhre und Knoblauch hinzufügen und weitere 3 Min. braten.

4 Paprikapulver, Haferkörner, Rosenkohl in die Pfanne geben und alles gut miteinander vermischen. Hafersahne unterrühren und 2 Min. köcheln lassen. Mit Salz und Pfeffer würzen. Die Mischung in eine Auflaufform geben.

5 Eier, Joghurt und Hafermehl in einer Schale zu einer cremigen Masse verrühren und mit 1 Prise Salz würzen. Die Masse gleichmäßig auf der Rosenkohl-Haferkorn-Mischung verteilen und den Auflauf im vorgeheizten Ofen 25 Min. backen.

VARIANTE: Statt Joghurt können Sie für den Guss auch Skyr oder Quark verwenden, das erhöht den Eiweißgehalt.

NÄHRWERTE PRO PORTION

300 kcal | 13 g F (3,0 g GFS) | 30 g KH | 7 g Z | 7 g BST | 11 g E | 1,7 g Hafer-Beta-Glucan

SCHNELL VEGETARISCH

HAFERPFANNE
griechische Art

Gebratene Reispfanne – die kennen wir alle. Genauso lecker und viel gesünder ist die gebratene Pfanne mit Hafer. In diesem Beispiel stelle ich Ihnen die Variante aus meinem Griechenlandurlaub vor.

Für 2 Portionen à 380 g
Zubereitungszeit: 25 Min.

2 Paprika
1 kleiner Zucchino
1 Zwiebel
1 Knoblauchzehe
½ Bund Petersilie
2 EL Öl
1–2 EL Tomatenmark
100 g stückige Tomaten (aus der Dose)
50 ml Gemüsebrühe
200 g vorgegarte Haferkörner
1 TL edelsüßes Paprikapulver
Pfeffer
Salz
75 g Feta

1 Paprikaschoten waschen, entkernen und würfeln. Zucchino waschen, putzen und klein schneiden. Zwiebel und Knoblauch schälen und fein hacken. Die Petersilie fein hacken.

2 Das Öl in einer Pfanne erhitzen, darin Paprika und Zucchino anbraten. Zwiebel und Knoblauch zugeben und alles bei mittlerer Hitze für 5 Min. schmoren lassen.

3 Tomatenmark und stückige Tomaten dazugeben, mit der Gemüsebrühe aufgießen und Haferkörner hinzufügen. Mit der Hälfte der Petersilie, Paprikapulver, Pfeffer und Salz würzen und ca. 10 Min. einkochen lassen. Ab und zu umrühren.

4 Den Feta grob zerbröseln und zusammen mit der restlichen Petersilie über die Gemüsepfanne streuen. Heiß servieren.

TIPP: Dazu schmeckt frisches Baguette.

NÄHRWERTE PRO PORTION

456 kcal | 23 g F (8,0 g GFS) | 39 g KH | 9 g Z | 11 g BST | 15 g E | 2,2 g Hafer-Beta-Glucan

VEGETARISCH GLUTENFREI

KARTOFFEL-HAFERKORN-AUFLAUF

Kartoffeln sättigen ähnlich gut wie Hafer. Kommt beides im Doppelpack daher, wird garantiert jeder satt. Der Auflauf ergibt mit einem frischen Salat eine Hauptmahlzeit und passt auch zu Geschnetzeltem oder zu Grillfleisch.

Für 4 Portionen à 210 g
Zubereitungszeit: 40 Min.

400 g festkochende Kartoffeln
Salz
1 EL Öl
1 EL Mehl
150 ml Haferdrink
50 ml Hafersahne (Hafercuisine)
Pfeffer
1 TL Knoblauchpulver
1 Knoblauchzehe
300 g vorgegarte Haferkörner
30 g Gouda

TIPP: Verwenden Sie am besten festkochende Kartoffeln, sie sind schnittfest und behalten auch im Auflauf ihre Form.

1 Kartoffeln waschen, schälen und in Scheiben schneiden. Reichlich Wasser in einem Topf aufkochen und etwas salzen. Die Kartoffeln darin ca. 15 Min. garen. Anschließend das Wasser abgießen und die Kartoffeln beiseitestellen.

2 Den Backofen auf 180° (Ober-/Unterhitze) vorheizen.

3 In einem Topf das Öl erhitzen, unter ständigem Rühren das Mehl dazugeben und goldgelb anschwitzen. Dann nach und nach den Haferdrink hinzugeben, dabei ständig weiterrühren, damit eine cremige Konsistenz entsteht.

4 Die Hafersahne unterrühren und die Sauce mit Salz, Pfeffer und Knoblauchpulver würzen. Den Knoblauch schälen und dazupressen. Die Sauce etwa 3 Min. köcheln lassen.

5 Kartoffeln und Haferkörner in eine Auflaufform geben. Die Sauce darüber gießen und alles kurz verrühren. Den Käse reiben und den Auflauf damit bestreuen.

6 Den Auflauf 15–20 Min. backen.

NÄHRWERTE PRO PORTION

285 kcal | 9 g F (2,6 g GFS) | 39 g KH | 3 g Z | 5 g BST | 8 g E | 1,8 g Hafer-Beta-Glucan

VEGETARISCH · GLUTENFREI

WIRSINGROULADEN
mit Haferkornfüllung

Wir haben hier die Wirsingrouladen mit Haferkorn gefüllt, damit bietet das Rezept gesunde Hausmannskost. Wetten, dass niemand das Hackfleisch vermisst? Und wenn doch: einfach die Hälfte der Körner durch Hackfleisch ersetzen.

Für 6 Rouladen à 125 g
Zubereitungszeit: 35 Min.
Backzeit: 20 Min.

6 Wirsingblätter
Salz
1 Zwiebel
1 Möhre
1 EL Rapsöl
250 g vorgegarte Haferkörner
2 TL edelsüßes Paprikapulver
200 ml Gemüsebrühe
2 EL Tomatenmark
50 ml Hafersahne (Hafercuisine)
¼ TL Pfeffer
½ TL Zucker

1 Backofen auf 180° (Ober-/Unterhitze) vorheizen.

2 Wirsingblätter waschen und den Strunk herausschneiden. Salzwasser erhitzen, darin die Wirsingblätter 3 Min. garen. Herausnehmen, mit kaltem Wasser abbrausen und abtropfen lassen.

3 Zwiebel abziehen und fein würfeln. Die Möhre waschen, schälen und klein schneiden. Das Rapsöl in einer Pfanne erhitzen, darin die Zwiebel glasig anbraten. Möhre hinzufügen und 3 Min. mitbraten. Haferkörner unterrühren. Paprikapulver und 1 TL Salz hinzufügen, mit 50 ml Gemüsebrühe ablöschen und 5 Min. köcheln lassen.

4 Tomatenmark mit der restlichen Gemüsebrühe (150 ml) und Hafersahne in einem kleinen Topf aufkochen. Mit Salz, Pfeffer und Zucker würzen und 5 Min. köcheln lassen.

5 Die Wirsingblätter auf einem Brett auslegen und die Haferkornfüllung darauf verteilen. Die Ränder einschlagen, die Wirsingblätter aufrollen und mit der Naht nach unten in eine Auflaufform legen. Die Tomatensauce über die Wirsingrouladen gießen und die Rouladen ca. 20 Min. backen.

NÄHRWERTE PRO STÜCK

130 kcal | 4 g F (0,6 g GFS) | 16 g KH | 4 g Z | 4 g BST | 4 g E | 1,0 g Hafer-Beta-Glucan

SCHNELL MEAL-PREP

HAFERKORNCURRY
mit Putenbrust

Eine blinde Pute findet auch mal ein Korn – dieses Curry mit Hafer und Putenbrust wird Sie überraschen. Es hat nur wenige Zutaten, ist einfach und schnell zubereitet und schmeckt suuuuuuper lecker!

Für 4 Portionen à 300 g
Zubereitungszeit: 25 Min.

300 g Putenbrustfilet
1 große Zwiebel
1 EL Rapsöl
2 TL Currypulver
150 g Ananas in Stücken (aus der Dose)
200 ml Kokosmilch
100 ml Haferdrink
400 g vorgegarte Haferkörner
Salz
Pfeffer

GUT ZU WISSEN

Currypulver ist eine Mischung aus verschiedenen Gewürzen. Klassische Zutaten sind Koriander, Kreuzkümmel, Bockshornklee, Cayennepfeffer und schwarzer Pfeffer sowie Kurkuma, das dem Pulver die typische gelbe Farbe verleiht.

1 Putenbrustfilet in kleine Stücke schneiden. Zwiebel abziehen und in Würfel schneiden.

2 Das Rapsöl in einer Pfanne erhitzen, darin die Putenbruststücke von beiden Seiten anbraten. Zwiebel hinzufügen und weitere 3 Min. braten. Mit Currypulver würzen und alles gut vermengen.

3 Die Ananas abtropfen lassen. Zusammen mit Kokosmilch und Haferdrink in die Pfanne geben und ca. 10 Min. köcheln lassen.

4 Haferkörner hinzufügen und weitere 5 Min. köcheln lassen.

5 Das Curry mit Salz und Pfeffer würzen und servieren.

VARIANTE: Das Rapsöl können Sie auch durch Kokosöl ersetzen.

NÄHRWERTE PRO PORTION

434 kcal | 18 g F (12,3 g GFS) | 38 g KH | 10 g Z | 6 g BST | 25 g E | 2,2 g Hafer-Beta-Glucan

VEGETARISCH · GLUTENFREI

ONE-POT-HAFERKORN-CURRY

Den Abwasch nach einem leckeren Essen macht niemand gerne. Ersparen Sie sich die Arbeit und bereiten Sie dieses hervorragende One-Pot-Curry zu. Dafür brauchen Sie nur eine große Pfanne, in der alles zusammen gart.

Für 2 Portionen à 350 g
Zubereitungszeit: 40 Min.

1 kleine Zwiebel
1 Spitzpaprika
1 Möhre
1 EL Rapsöl
1 TL grüne Currypaste
50 ml Gemüsebrühe
200 g vorgegarte Haferkörner
150 ml Kokosmilch
70 g frischer Spinat
Meersalz
Pfeffer
Currypulver
Cashewkerne (nach Belieben)

GUT ZU WISSEN

Es gibt grüne, rote und gelbe Currypaste. Am schärfsten ist die grüne, die rote ist ebenfalls recht scharf, am mildesten ist die gelbe Currypaste. Testen Sie sich an die Schärfe heran, die Ihnen angenehm ist.

1 Zwiebel schälen und fein hacken. Spitzpaprika längs halbieren, waschen, entkernen und in Streifen schneiden. Möhre waschen, schälen und klein schneiden.

2 Das Rapsöl in einer großen Pfanne erhitzen, Zwiebel, Paprika und Möhre hineingeben und etwa 5 Min. andünsten. Die Currypaste unterrühren und weitere 2 Min. dünsten.

3 Mit der Gemüsebrühe ablöschen und den Hafer einrühren. Die Kokosmilch hinzugeben und das Curry mit geschlossenem Deckel bei mittlerer Temperatur 10 Min. köcheln lassen.

4 Anschließend den Spinat unterrühren und alles weitere 10 Min. köcheln lassen.

5 Das Curry mit Meersalz, Pfeffer und Currypulver würzen und vor dem Servieren nach Belieben mit Cashewkernen bestreuen.

NÄHRWERTE PRO PORTION

428 kcal | 25 g F (17,8 g GFS) | 36 g KH | 7 g Z | 8 g BST | 8 g E | 2,2 g Hafer-Beta-Glucan

GLUTENFREI

HAFERKORNBOLOGNESE
mit Gnocchi

Kinder lieben unsere Haferkornbolognese! Und sie kommt ganz ohne Hackfleisch aus. Besonders beliebt ist die Kombination mit den selbst gemachten Hafer-Gnocchi.

Für 2 Portionen à 440 g
Zubereitungszeit: 45 Min.

250 g mehligkochende Kartoffeln
1 kleine Möhre
1 kleine Zwiebel
1 Knoblauchzehe
1 EL Rapsöl
100 g Hackfleisch
100 g vorgegarte Haferkörner
1 TL italienische Kräutermischung
½ TL edelsüßes Paprikapulver
300 ml passierte Tomaten (aus der Dose)
Salz
1 TL Zucker
2 EL Hafermehl
1 Ei

1 Kartoffeln waschen, in einen Topf geben, knapp mit Wasser bedecken, aufkochen und in etwa 25 Min. weich garen.

2 Möhre waschen, schälen und klein schneiden. Zwiebel und Knoblauch abziehen, und fein hacken. Das Rapsöl in einer Pfanne erhitzen und das Hackfleisch darin krümelig anbraten. Zwiebel, Knoblauch und Möhre dazugeben, alles weitere 2 Min. braten. Haferkörner, italienische Kräuter und Paprikapulver hinzufügen. Kurz durchmischen, die passierten Tomaten unterrühren und mit Salz und Zucker würzen. Ca. 10 Min. köcheln lassen.

3 Die Kartoffeln abgießen, gut ausdampfen lassen, pellen und mit Hafermehl, Ei und ½ TL Salz zu einem Teig kneten. Eine ca. 3 cm dicke Rolle formen und in 1 cm lange Stückchen schneiden. Die Stücke mit den Händen oval formen und mit einer Gabel das typischen Gnocchi-Muster hineindrücken.

4 Salzwasser zum Sieden bringen. Die Gnocchi hineingeben und 5–8 Min. garen, bis sie hochsteigen. Mit einer Schaumkelle herausnehmen und mit der Haferkornbolognese servieren.

VARIANTE: Statt Hafermehl können Sie auch Dinkelmehl verwenden.

NÄHRWERTE PRO PORTION

474 kcal | 19 g F (5,5 g GFS) | 49 g KH | 10 g Z | 7 g BST | 20 g E | 1,8 g Hafer-Beta-Glucan

GLUTENFREI

PAELLA MIT CHORIZO UND MEERESFRÜCHTEN

Schon der Duft dieser Paella erinnert an Spanien – und auch der Geschmack muss sich nicht hinter dem Klassiker verstecken. Gönnen Sie sich einen kulinarischen Kurzurlaub, die Paella ist in einer knappen Stunde fertig.

Für 4 Portionen à 350 g
Zubereitungszeit: 50 Min.

2 Zwiebeln
2 Knoblauchzehen
2 rote Spitzpaprika
100 g breite grüne Bohnen
200 g Chorizo
8 rohe Black-Tiger-Garnelen (ungeschält)
12 Miesmuscheln
300 ml Gemüsebrühe
1 Döschen Safranfäden (ersatzweise ½ TL Kurkuma)
5 EL Olivenöl
1 Zweig Rosmarin
2 Lorbeerblätter
½–1 TL Pimentón de la Vera (span. geräuchertes Paprikapulver)
300 g vorgegarte Haferkörner
100 ml trockener Weißwein
1 Bio-Zitrone
3 Stiele Petersilie
Salz
Pfeffer aus der Mühle

1 Zwiebeln und Knoblauch schälen und fein würfeln. Paprika und Bohnen putzen, waschen und klein schneiden. Chorizo in Scheiben schneiden. Garnelen in einem Sieb abbrausen. Miesmuscheln unter fließendem kaltem Wasser abbürsten, geöffnete Exemplare aussortieren. In einem Topf die Brühe erwärmen und den Safran einrühren.

2 Das Olivenöl in einer großen hohen Pfanne erhitzen und die Chorizoscheiben darin bei mittlerer Hitze anbraten, bis sie leicht gebräunt sind. Zwiebeln und Paprika dazugeben und mitgaren, bis die Zwiebeln glasig sind. Knoblauch, Bohnen, Rosmarin und Lorbeerblätter hinzugeben und kurz mitdünsten.

3 Alles mit ½ TL Pimentón würzen, Haferkörner hinzufügen und alles kurz weitergaren. Wein angießen und fast vollständig einkochen lassen. Die Safranbrühe angießen. Alles aufkochen und zugedeckt bei schwacher Hitze 5–10 Min. köcheln lassen. Garnelen und Muscheln auf dem Hafer verteilen, zugedeckt weitere 10 Min. garen, bei Bedarf etwas Brühe angießen.

4 Zitrone in Spalten schneiden, Petersilie hacken. Paella mit Petersilie bestreuen und Zitronenspalten dazu servieren.

NÄHRWERTE PRO PORTION

511 kcal | 29 g F (7,5 g GFS) | 28 g KH | 5 g Z | 6 g BST | 28 g E | 1,7 g Hafer-Beta-Glucan

SCHNELL

MÖHREN-ERBSEN-HAFER
mit Lachs

Aufs Korn gekommen: Haferkörner und Gemüse liefern Vitamine, Mineralstoffe und gesunde Ballaststoffe. Fisch ist reich an gesunden Omega-3-Fettsäuren. All dies zusammen ergibt eine perfekte Mahlzeit.

Für 2 Portionen à 360 g
Zubereitungszeit: 30 Min.

2 Lachsfilets (250 g)
Salz
Pfeffer
1 Bio-Zitrone
1 EL Olivenöl
1 EL Agavendicksaft
2 Thymianzweige
4 Knoblauchzehen
2 Möhren
6 Champignons
3 Frühlingszwiebeln
1 EL Rapsöl
300 g vorgegarte Haferkörner
100 g TK-Erbsen
2–3 EL Sojasauce

TIPP: Statt frischem Lachs können Sie auch TK-Fischfilets verwenden. Diese lassen Sie vor der Zubereitung etwa eine Stunde im Kühlschrank auftauen.

1 Den Backofen auf 180° (Ober-/Unterhitze) vorheizen. Die Lachsfilets trocken tupfen, von beiden Seiten salzen und pfeffern und in eine Auflaufform legen.

2 Zitrone waschen, eine Hälfte auspressen und die andere in Scheiben schneiden. Zitronensaft mit Olivenöl, Agavendicksaft und etwas Salz und Pfeffer mischen. Die Marinade über die Lachsfilets geben und auf jedes Filet einen Thymianzweig sowie eine Zitronenscheibe legen. Drei Knoblauchzehen abziehen, in grobe Stücke schneiden und auf dem Lachs verteilen. Den Lachs in etwa 20 Min. auf der mittleren Schiene garen. Die letzte Knoblauchzehe abziehen und sehr fein hacken. Die Möhren waschen, schälen und klein würfeln. Champignons säubern und klein schneiden. Frühlingszwiebeln putzen und in feine Halbringe schneiden.

3 Das Rapsöl in einer großen Pfanne erhitzen, den Hafer darin unter Rühren 5 Min. braten. Knoblauch, Möhren und Pilze hinzufügen und alles weitere 3 Min. braten. Den Hafer an den Pfannenrand schieben, Erbsen und Frühlingszwiebeln in die Mitte geben und 2 Min. erhitzen. Alles gut mischen, mit Sojasauce würzen und mit dem Lachs servieren.

NÄHRWERTE PRO PORTION

724 kcal | 29 g F (5,5 g GFS) | 63 g KH | 14 g Z | 14 g BST | 40 g E | 3,4 g Hafer-Beta-Glucan

VEGETARISCH GLUTENFREI

ZUCCHINI MIT HAFERKORNFÜLLUNG

Ein Gemüseschiff, das es in sich hat. Fein gefüllt mit einer leckeren Haferkornmischung und mit Käse überbacken, liefert es zahlreiche wichtige Nährstoffe und macht satt. Damit machen Sie Groß und Klein eine Freude.

Für 2 Portionen à 380 g
Zubereitungszeit: 20 Min.
Garzeit: 15 Min.

1 großer Zucchino
Salz
1 ½ EL Rapsöl
1 kleine Zwiebel
1 Knoblauchzehe
1 kleine Möhre
250 g vorgegarte Haferkörner
1 TL edelsüßes Paprikapulver
1 TL Tomatenmark
80 ml Gemüsebrühe
40 g Parmesan (ersatzweise Gouda)
Pfeffer

1 Backofen auf 180° (Ober-/Unterhitze) vorheizen.

2 Zucchino waschen, halbieren und aushöhlen. Auf ein mit Backpapier belegtes Backblech setzen und mit etwas Salz und ½ EL Rapsöl bestreichen. 10 Min. im Backofen backen.

3 Währenddessen Zwiebel und Knoblauch abziehen und in kleine Würfel schneiden. Möhre waschen, schälen und klein schneiden. Zucchinifleisch klein würfeln.

4 Das restliche Rapsöl (1 EL) in einer Pfanne erhitzen, Darin Zwiebel, Möhre und Zucchiniwürfel anbraten. Knoblauch, Haferkörner und Paprikapulver hinzufügen und kurz weiterbraten. Tomatenmark unterrühren, mit Gemüsebrühe ablöschen und 1 Min. köcheln lassen. Die Füllung mit Salz und Pfeffer würzen.

5 Den Käse reiben. Zucchinihälften aus dem Ofen nehmen und mit der Haferkorn-Mischung füllen. Mit Käse bestreuen und 15 Min. backen.

VARIANTE: Sie können der Füllung auch Hackfleisch hinzufügen. Dafür 100 g Hackfleisch mit der Zwiebel anbraten und etwa 100 g weniger Haferkörner verwenden.

NÄHRWERTE PRO PORTION

424 kcal | 18 g F (5,9 g GFS) | 42 g KH | 7 g Z | 9 g BST | 16 g E | 2,8 g Hafer-Beta-Glucan

GLUTENFREI

SAUERKRAUT-HAFERKORN-AUFLAUF

Dieser Auflauf ist mein Liebling unter den Winterrezepten und in den kalten Monaten. Er ist die perfekte Beilage für alle deftigen Hauptspeisen. Das fermentierte Kraut ist besonders gut für den Darm.

Für 4 Portionen à 225 g
Zubereitungszeit: 15 Min.
Garzeit: 40 Min.

1 Zwiebel
50 g Speck
30 ml Rapsöl
300 g vorgegarte Haferkörner
300 g Sauerkraut
1 EL edelsüßes Paprikapulver
Pfeffer
Salz
1 Lorbeerblatt

1 Die Zwiebel schälen und fein hacken. Den Speck in kleine Würfel schneiden.

2 In einem Topf das Öl erhitzen und die Zwiebel darin glasig werden lassen. Den Speck zugeben und kurz anbraten.

3 Haferkörner und Sauerkraut hinzugeben und kurz andünsten. Mit 150 ml Wasser ablöschen, mit Paprikapulver, Pfeffer und Salz würzen und das Lorbeerblatt dazugeben.

4 Das Ganze ca. 20 Min. bei mittlerer Hitze köcheln lassen. Dabei gelegentlich umrühren, damit nichts anbrennt. Bei Bedarf noch ein wenig Wasser hinzufügen.

5 In der Zwischenzeit den Backofen auf 180° (Ober-/Unterhitze) vorheizen.

6 Die Sauerkraut-Haferkorn-Mischung in eine Auflaufform geben und im Backofen ca. 20 Min. backen, bis sich eine goldbraune Kruste bildet.

NÄHRWERTE PRO PORTION

265 kcal | 14 g F (2,8 g GFS) | 22 g KH | 2 g Z | 6 g BST | 7 g E | 1,7 g Hafer-Beta-Glucan

VEGETARISCH

HAFERKORN-SEMMELKNÖDEL

Semmelknödel sind eine typische bayerische Beilage zu herzhaften Gerichten. In unserem Rezept werden die Knödel aus Vollkorntoast und Haferkörnern zubereitet, sodass sie reichlich gesunde Nährstoffe bieten.

Für 6 Knödel à 65 g
Zubereitungszeit: 35 Min.

3 Scheiben Vollkorntoastbrot (à 60 g)
100 g vorgegarte Haferkörner
Salz
Pfeffer
Muskatnuss
1 Ei
3 EL Semmelbrösel
20 g Butter

1 Toastbrot in kleine Würfel schneiden und in eine Schüssel geben. Haferkörner, 1 TL Salz, Pfeffer, Muskatnuss und das Ei hinzufügen und alles zu einem Teig verkneten.

2 Anschließend die Semmelbrösel unterkneten und den Teig etwa 5 Min. ziehen lassen.

3 Aus dem Teig mit angefeuchteten Händen sechs Knödel formen und diese weitere 10 Min. durchziehen lassen.

4 In einem großen Topf Salzwasser zum Kochen bringen. Die Knödel hineingeben und bei reduzierter Hitze in 15–20 Min. garziehen lassen. Das Wasser darf nicht mehr kochen.

5 Die fertigen Knödel mit einem Schaumlöffel aus dem Wasser nehmen.

6 Die Butter in einer Pfanne erhitzen, die Knödel darin schwenken und dann servieren.

TIPP: Die Knödel passen besonders gut zu Wintergerichten wie Sauerbraten und Rouladen. Sie schmecken auch mit einem Pilzragout oder einer Gemüsepfanne.

NÄHRWERTE PRO KNÖDEL

163 kcal | 5 g F (2,8 g GFS) | 23 g KH | 2 g Z | 2 g BST | 4 g E | 0,4 g Hafer-Beta-Glucan

GETREIDEBEILAGE
mit Spinat

Verschiedene Getreide und Spinat – das ergibt eine super Kombi aus Eisen und Beta-Glucan, die in Ihnen Frühlingsgefühle wecken wird. Die Minze sorgt für ein erfrischendes Aroma und macht die Beilage zu einem Highlight.

Für 3 Portionen à 180 g
Zubereitungszeit: 30 Min.

1 kleine Zwiebel
2 Knoblauchzehen
100 g Tomaten
1 EL Rapsöl
150 g TK-Blattspinat
100 g vorgegarte Haferkörner
100 g vorgegarte Gerstenkörner
100 g vorgegarte Dinkelkörner
1 TL edelsüßes Paprikapulver
1 TL getrocknete Minze
100 ml Gemüsebrühe
Salz
Pfeffer

1 Zwiebel und Knoblauch abziehen und fein hacken. Tomaten waschen und klein schneiden.

2 Rapsöl in einer Pfanne erhitzen, darin Zwiebel und Knoblauch 2 Min. anbraten. Spinat hinzufügen und kurz mitgaren. Gegarte Hafer-, Gersten- und Dinkelkörner hinzufügen und alles noch 1 Min. garen.

3 Paprikapulver und Minze dazugeben und mit der Gemüsebrühe ablöschen.

4 Tomaten hinzufügen und alles ca. 15 Min. köcheln lassen. Bei Bedarf noch etwas Gemüsebrühe hinzufügen.

5 Mit Salz und Pfeffer würzen und servieren.

TIPP: Die Getreidebeilage mit Spinat passt perfekt zu Lammfleisch. Wenn Sie dazu einen Frühlingsquark servieren, avanciert sie sogar zum Hauptgericht.

NÄHRWERTE PRO PORTION

233 kcal | 5 g F (0,7 g GFS) | 33 g KH | 3 g Z | 7 g BST | 9 g E | 0,7 g Hafer-Beta-Glucan

VEGETARISCH

RISIBISI-VARIANTE
aus Hirse und Hafer

Hirse und Hafer sind ein wahres Dreamteam – nährstoffreich und wahnsinnig sättigend. Diese Risibisi-Variante schmeckt sowohl als Beilage als auch als Zwischenmahlzeit. DIE Entdeckung in diesem Buch!

Für 4 Portionen à 180 g
Zubereitungszeit: 40 Min.

1 Zwiebel
250 ml Gemüsebrühe
100 g Hirse
50 g vorgegarte Haferkörner
250 g TK-Erbsen
50 g Gouda
50 g Parmesan
1 EL Leinöl

1 Zwiebel abziehen und würfeln. Zusammen mit der Gemüsebrühe in einem Topf kurz aufkochen, dann die Hirse hinzugeben. 15 Min. im geschlossenen Topf köcheln lassen.

2 Gegarte Haferkörner hinzugeben und 1 Min. mitköcheln lassen.

3 Den Topf vom Herd nehmen. Die Erbsen unterheben, den Topf schließen und das Ganze 15 Min. quellen lassen.

4 In der Zwischenzeit den Käse fein reiben.

5 Leinöl und Käse unter die fertige Hirse-Hafer-Mischung heben, alles gut mischen und servieren.

TIPP: Das Risibisi ist eine feine Beilage zu Fleisch und Fisch.

NÄHRWERTE PRO PORTION

297 kcal | 12 g F (5,9 g GFS) | 29 g KH | 2 g Z | 5 g BST | 14 g E | 0,3 g Hafer-Beta-Glucan

VEGETARISCH GLUTENFREI

HAFERKORN-KNÄCKE

Die knackigste Versuchung, seit es Brot gibt. Als Belag für das Haferkorn-Knäcke passt frischer Hüttenkäse mit ein paar Kräutern sehr gut sowie Käse oder ein feiner Aufstrich. Kinder genießen das Knäcke auch gerne pur.

Für 12 Scheiben à 25 g
Zubereitungszeit: 20 Min.
Backzeit: 25 Min.

120 g vorgegarte Haferkörner
100 g geschroteter Leinsamen
30 g Sonnenblumenkerne
1 TL Knoblauchpulver
1 TL Basilikum
20 g Tomatenmark
1 EL Honig
20 g Parmesan

VARIANTEN: Für einen intensiveren Geschmack kann jeweils 1 TL Pesto Genovese oder Pesto Rosso zum Teig hinzugefügt werden. Auch bei den Gewürzen können Sie variieren und das Basilikum zum Beispiel durch Rosmarin ersetzen.

1 Den Backofen auf 180° (Ober-/Unterhitze) vorheizen.

2 Haferkörner, Leinsamen, Sonnenblumenkerne, Knoblauchpulver und Basilikum in eine Schüssel geben und miteinander vermengen.

3 Tomatenmark, Honig und 30 ml Wasser hinzufügen und alles zu einem festen Teig kneten. Den Teig 10 Minuten quellen lassen, dann ausrollen.

4 Den Teig etwa 0,5 cm dick zu einem Rechteck ausrollen und auf ein mit Backpapier ausgelegtes Backblech geben.

5 Den Parmesan reiben und auf den Teig streuen. Mit einem Messer die Knäcke anschneiden.

6 Das Blech in den Ofen schieben und die Masse 20–25 Min. backen. Aus dem Ofen nehmen, auskühlen lassen und die Knäcke auseinanderbrechen.

NÄHRWERTE PRO SCHEIBE

83 kcal | 4 g F (0,8 g GFS) | 5 g KH | 3 g Z |
3 g BST | 4 g E | 0,2 g Hafer-Beta-Glucan

VEGAN GLUTENFREI

HAFERKORNBROT

Ein Brot, das lecker schmeckt und Ihrem Darm schmeichelt. Sonnenblumenkerne, Sesam und Kürbiskerne sorgen für Biss, und Chiasamen, Flohsamenschalen und Leinsamen regulieren die Verdauung.

Für ein Brot (900 g);
pro Scheibe ca. 60 g
Zubereitungszeit: 15 Min.
Backzeit: 1 Std. 20 Min.

340 g Haferflocken
170 g Sonnenblumenkerne
180 g Leinsamen
65 g Sesam
20 g Kürbiskerne
4 TL Chiasamen
8 EL Flohsamenschalen
3 TL Meersalz
120 g vorgegarte Haferkörner
6 EL Olivenöl
2 EL Agavendicksaft

Außerdem:
1 Kastenform (30 × 11 cm)

1 Den Backofen auf 175° (Ober-/Unterhitze) vorheizen.

2 Haferflocken, Sonnenblumenkerne, Leinsamen, Sesam und Kürbiskerne im Mixer fein schroten und in eine große Schüssel geben. Chiasamen, Flohsamenschalen und Meersalz untermischen. Haferkörner, Olivenöl, Agavendicksaft und 650 ml Wasser hinzufügen. Alles gut durchkneten, bis der Teig nicht mehr klebt.

3 Eine Kastenform mit Backpapier auslegen. Den Teig hineingeben und mit einem Löffel glatt streichen. Das Brot im vorgeheizten Ofen 40–50 Min. backen, bis die Kruste gebräunt ist.

4 Das Brot aus dem Ofen nehmen und mit Hilfe des Backpapiers aus der Kastenform heben. Brot auf dem Backpapier wenden, sodass die Unterseite nach oben zeigt. Anschließend ohne Form zurück in den Backofen geben und in ca. 30 Min. fertig backen.

5 Das fertige Brot aus dem Ofen nehmen und auf einem Kuchengitter auskühlen lassen.

NÄHRWERTE PRO SCHEIBE

297 kcal | 16 g F (2,2 g GFS) | 22 g KH | 6 g Z | 9 g BST | 10 g E | 1,2 g Hafer-Beta-Glucan

KORN AN KORN

Die Scheu vorm Brotbacken mit Hafer ist ganz unbegründet. Dieses Brot gelingt leicht und macht wenig Arbeit. Sie brauchen nur etwas Geduld, bis es fertig gebacken ist. Wenn Sie es mittags in den Ofen schieben, gibt es ein feines Abendbrot.

Für ein Brot (850 g);
pro Scheibe ca. 65 g
Zubereitungszeit: 10 Min.
Backzeit: 70 Min.

50 g Leinsamen
50 g Walnusskerne
160 g Haferflocken
20 g Chiasamen
20 g Flohsamenschalen
30 g Sonnenblumenkerne
1 EL Salz
300 g vorgegarte Haferkörner
3 EL Mandelmus (braun)
1 EL Agavendicksaft

Außerdem:
1 Kastenform (30 × 11 cm)

TIPP: Haferflocken können Sie zwar überall kaufen, doch es ist auch ganz einfach, sie selbst herzustellen. Wie das funktioniert, erfahren Sie auf Seite 15 f.

1 Den Backofen auf 180° (Ober-/Unterhitze) vorheizen.

2 Leinsamen mit 200 ml heißem Wasser übergießen und ca. 5 Min. einweichen lassen.

3 Walnüsse hacken, mit Haferflocken, Chiasamen, Flohsamenschalen, Sonnenblumenkernen und Salz in eine große Schüssel geben und gut vermischen.

4 Leinsamen zusammen mit dem Einweichwasser mit gegartem Hafer, Mandelmus und Agavendicksaft mischen. Zu den trockenen Zutaten geben und alles gut vermengen.

5 Eine Kastenform mit Backpapier auslegen. Die Masse hineingeben und glatt streichen. Das Brot 60–70 Min. auf mittlerer Schiene backen. Nach 40 Min. das Brot aus dem Ofen nehmen und mit Hilfe des Backpapiers aus der Kastenform heben. Brot wenden, ohne Form wieder in den Ofen geben und mit der Unterseite nach oben weiterbacken.

6 Das fertige Brot aus dem Ofen nehmen und auf einem Kuchengitter auskühlen lassen.

NÄHRWERTE PRO SCHEIBE

196 kcal | 10 g F (1,1 g GFS) | 17 g KH | 3 g Z | 5 g BST | 6 g E | 0,7 g Hafer-Beta-Glucan

VEGETARISCH GLUTENFREI

HAFERKORN-BUTTERMILCH-BROT

Buttermilch ist aus der Mode gekommen. Zu Unrecht. Sie sorgt dafür, dass das Brot außen kross und innen luftig wird und auch nach mehreren Tagen der (richtigen) Lagerung noch herrlich saftig ist.

Für ein Brot (700 g);
pro Scheibe ca. 60 g
Zubereitungszeit: 15 Min.
Gehzeit: 30 Min.
Backzeit: 60 Min.

1 Pck. Trockenhefe
50 g Hafermehl
100 g Buchweizenmehl
4 EL geschroteter Leinsamen
50 g Haferkleie
1 EL Flohsamenschalen
2 TL Salz
200 g vorgegarte Haferkörner
200 ml Buttermilch
1 EL Agavendicksaft
Körner zum Bestreuen (z. B. Sesam, Sonnenblumenkerne)

Außerdem:

1 Kastenform (30 × 11 cm

1 Hefe in einem Schälchen mit 100 ml warmem Wasser verrühren und 5 Min. stehen lassen.

2 In der Zwischenzeit Hafermehl, Buchweizenmehl, Leinsamen, Haferkleie, Flohsamenschalen und Salz in eine große Schüssel geben und mit einem Löffel gut vermischen.

3 In einer weiteren Schüssel die Haferkörner mit Buttermilch, Agavendicksaft und der Hefemischung verrühren.

4 Die trockenen mit den feuchten Zutaten zügig vermengen. Die Masse in eine mit Backpapier ausgelegte Kastenform geben, flach streichen und mit Körnern bestreuen. Mit einem Tuch bedecken und den Teig an einem warmen Ort 20–30 Min. gehen lassen. In der Zwischenzeit den Backofen auf 180° (Ober-/Unterhitze) vorheizen.

5 Die Form in den Ofen geben und das Brot ca. 60 Min. auf der unteren Schiene backen. Das Brot herausnehmen und auf einem Kuchengitter auskühlen lassen.

NÄHRWERTE PRO SCHEIBE

141 kcal | 4 g F (0,7 g GFS) | 18 g KH | 2 g Z | 4 g BST | 5 g E | 0,8 g Hafer-Beta-Glucan

VEGETARISCH

MEHRKORNBROT

Dinkel-, Gersten- und Haferkörner – diese Kombination ergibt nicht nur ein kräftiges Vollkornbrot mit einem vollmundigen Geschmack, sondern bietet auch viele gesunde Inhaltsstoffe.

Für ein Brot (1 kg);
pro Scheibe ca. 80 g
Zubereitungszeit: 10 Min.
Gehzeit: 50 Min.
Backzeit: 55 Min.

400 g Dinkelvollkornmehl
1 EL Zucker
7 g Trockenhefe
Salz
2 EL Rapsöl
100 g vorgegarte Haferkörner
100 g vorgegarter Grünkern
100 g vorgegarte Dinkelkörner
1 EL Haferflocken

Außerdem:
1 Kastenform (20 × 11 cm)

1 In einer großen Schüssel Mehl mit Zucker, Trockenhefe und 1 TL Salz vermengen.

2 In einer zweiten Schüssel 300 ml lauwarmes Wasser mit dem Rapsöl vermischen und zu den trockenen Zutaten geben. Alles zu einem Teig verrühren. Vorgegarten Hafer, Grünkern und Dinkel unter den Teig heben.

3 Eine Kastenform mit Backpapier auslegen. Den Teig hineingeben, glatt streichen und mit Haferflocken bestreuen.

4 Die Form abdecken und den Teig bei Zimmertemperatur ca. 50 Min. gehen lassen. In der Zwischenzeit den Backofen auf 180° (Ober-/Unterhitze) vorheizen.

5 Die Form in den Ofen schieben und das Brot ca. 55 Min. backen. Das Brot herausnehmen und auf einem Kuchengitter auskühlen lassen.

TIPP: Auf Seite 36 f. finden Sie Anleitungen zum Vorgaren von Grünkern und Dinkelkörnern.

NÄHRWERTE PRO SCHEIBE

189 kcal | 3 g F (0,4 g GFS) | 31 g KH | 3 g Z | 4 g BST | 6 g E | 0,2 g Hafer-Beta-Glucan

SÜSSES HAFERKORN-SUSHI
mit Mango

Unglaublich, was mit Haferkörnern alles möglich ist – auch Sushi! Und das ist nicht so kompliziert, wie es vielleicht auf den ersten Blick erscheint. Süßes geht auch in Gesund!

Für 4 Portionen à 60 g
Zubereitungszeit: 25 Min.

150 g vorgegarte Haferkörner
100 ml Kokosmilch
Salz
1 TL Agavendicksaft (ersatzweise Ahornsirup)
1 kleine Mango
1 EL Limettensaft

Außerdem:
1 Sushimatte
Frischhaltefolie

1 Haferkörner, Kokosmilch, 1 Prise Salz und Agavendicksaft in einem kleinen Topf aufkochen und ca. 5 Min. köcheln lassen. Vom Herd nehmen und abkühlen lassen.

2 Die Mango schälen und den Kern entfernen. Eine Hälfte des Fruchtfleischs in dünne, lange Streifen schneiden. Die andere Hälfte grob würfeln und mit Limettensaft pürieren. Mangosauce zur Seite stellen.

3 Frischhaltefolie auf der Sushimatte ausbreiten und die Hälfte der Hafermischung in der Form eines Rechteckes drauf verteilen (ca. 20 × 22 cm). Im unteren Drittel die Hälfte der Mangostreifen auf einem ca. 2 cm breiten Streifen verteilen.

4 Die Sushimatte mit Hilfe der Folie von unten nach oben möglichst fest aufrollen.

5 Eine weitere Rolle auf die gleiche Weise formen und die Rollen mindestens eine Stunde im Kühlschrank lagern. Rollen aus dem Kühlschrank nehmen, mit der Naht nach unten auf ein Brett legen und in 1,5 cm dicke Stücke schneiden. Sushi mit der Mangosauce servieren.

TIPP: Wenn Sie keine Sushimatte haben, können Sie die Sushirolle auch nur mit Hilfe der Frischhaltefolie zubereiten. Dies erfordert allerdings ein wenig mehr Übung. Auf Seite 46 f. finden Sie eine ausführliche Anleitung zum Rollen.

NÄHRWERTE PRO PORTION

163 kcal | 7 g F (5,8 g GFS) | 20 g KH | 9 g Z | 3 g BST | 2 g E | 0,8 g Hafer-Beta-Glucan

SCHNELL VEGETARISCH

SCHNELLE TASSE

Schwarzwälder Kirsch

Die schnelle Tasse macht ihrem Namen alle Ehre – innerhalb von 10 Minuten steht diese köstliche Süßspeise auf dem Tisch. Auch als Variante mit frischem Beerenobst lecker und gesund.

Für 2 Portionen à 190 g
Zubereitungszeit: 10 Min.

70 g Sauerkirschen (aus dem Glas)
60 g Dinkelmehl
1 TL Backpulver
1 Vanillezucker
2 Eier
100 g vorgegarte Haferkörner
20 g Zartbitterschokolade

1 Die Sauerkirschen abtropfen lassen.

2 Dinkelmehl, Backpulver und Vanillezucker in eine Schüssel geben und miteinander vermengen.

3 Eier hinzufügen und alles zu einem glatten Teig verrühren. Gegarte Haferkörner und Sauerkirschen unter den Teig heben.

4 Zartbitterschokolade mit dem Messer grob hacken und dazugeben. Kurz verrühren und den Teig auf zwei große Tassen verteilen.

5 In der Mikrowelle 2–3 Min. auf höchster Stufe backen.

VARIANTE: Statt der Kirschen aus dem Glas können Sie auch TK-Sauerkirschen verwenden. Sie müssen vor dem Verarbeiten kurz antauen, zum Beispiel mit der Auftaufunktion in der Mikrowelle.

NÄHRWERTE PRO PORTION

360 kcal | 9 g F (3,7 g GFS) | 51 g KH | 16 g Z | 5 g BST | 13 g E | 1,1 g Hafer-Beta-Glucan

SCHNELL VEGETARISCH

SCHNELLE TASSE

Apfel-Zimt

Fastfood im besten Sinn – diese kleinen Apfelkuchen sind blitzschnell zubereitet und einfach lecker. Damit machen Sie nicht nur Ihren Kindern eine Freude.

Für 2 Portionen à 100 g
Zubereitungszeit: 10 Min.

60 g Dinkelmehl
½ TL Backpulver
1 EL Zucker
½ Pck. Vanillezucker
1 Ei
1 EL Rapsöl
2 EL Haferdrink
¼ Apfel
Zimt
60 g vorgegarte Haferkörner

1 Dinkelmehl, Backpulver, Zucker und Vanillezucker in eine Schüssel geben und miteinander vermengen.

2 Ei, Rapsöl und Haferdrink hinzufügen und alles zu einem Teig verrühren.

3 Apfel waschen, schälen, in kleine Stücke schneiden und in einer Schüssel mit dem Zimt mischen.

4 Haferkörner und Apfelstücke unter den Teig heben.

5 Den Teig auf zwei Tassen verteilen und in der Mikrowelle 3–4 Min. auf höchster Stufe backen.

VARIANTE: Statt der Apfelstücke können Sie auch ein paar Himbeeren oder Blaubeeren unter den Teig mischen.

NÄHRWERTE PRO PORTION

303 kcal | 8 g F (1,4 g GFS) | 46 g KH | 16 g Z | 3 g BST | 8 g E | 0,7 g Hafer-Beta-Glucan

MILCHHAFERREIS

mit Birne und karamellisierten Walnüssen

Der Duft von frischem Karamell erinnert mich an Kirmes und Karussellfahren. Daher liebe ich diesen Milchhafer mit Haferreis. Doch Vorsicht bei Diabetes: Der Blutzucker kann erheblich ansteigen.

Für 2 Portionen à 330 g
Zubereitungszeit: 35 Min.

1 Vanilleschote
500 ml Haferdrink
1 EL Zucker
Salz
250 g Haferreis (roh)
1 Birne
50 g Walnusskerne
2 EL brauner Zucker
1 Prise Zimt

TIPP: Für selbst gemachten Vanillezucker geben Sie die ausgekratzte Vanilleschote zusammen mit Zucker in ein Glas und lassen das Ganze gut durchziehen.

VARIANTE: Statt Haferreis können Sie auch vorgegarte Haferkörner verwenden, dann brauchen Sie nur 250 ml Haferdrink.

1 Vanilleschote längs aufschneiden. Das Mark herauskratzen und mit Haferdrink, Zucker und 1 Prise Salz in einen Topf geben und aufkochen lassen.

2 Haferreis dazugeben und 10–12 Min. köcheln lassen. Dann die Hitze reduzieren und den Haferreis bei schwacher Hitze etwa 10 Min. quellen lassen, bis die gewünschte Konsistenz erreicht ist. Zwischendurch immer mal wieder umrühren.

3 In der Zwischenzeit die Birne waschen, entkernen und in kleine Würfel schneiden. Die Walnüsse hacken.

4 5 EL Wasser mit braunem Zucker in eine Pfanne geben und aufkochen, bis der Zucker schmilzt und dunkler wird. Walnüsse dazugeben und so lange rühren, bis die Flüssigkeit verkocht ist. Die karamellisierten Walnüsse vom Herd nehmen.

5 Die Birnenwürfel mit einigen Walnüssen und Zimt unter den noch warmen Haferreis rühren. Den Milchhaferreis auf einen Teller geben und mit den restlichen Walnüssen garnieren.

NÄHRWERTE PRO PORTION

878 kcal | 28 g F (4,0 g GFS) | 124 g KH | 53 g Z | 17 g BST | 19 g E | 5,6 g Hafer-Beta-Glucan

VEGETARISCH

MILCHHAFER

mit Banane und Erdnuss

Kinder lieben diesen cremigen Milchhafer, dem das Erdnussmus eine feine, nussige Note gibt. Wie der originale Milchreis schmeckt er aber auch mit Zimt und Zucker, Schokosauce oder Früchten.

Für 2 Portionen à 320 g
Zubereitungszeit: 15 Min.
Garzeit: 20 Min.

1 Vanilleschote
350 ml Milch (3,8 % Fett)
1 EL Agavendicksaft
Salz
300 g vorgegarte Haferkörner
2 EL Schmelzflocken
2 Bananen
3 EL Erdnussmus
Erdnüsse (nach Belieben)

TIPP: Die Milch lässt sich gut durch Haferdrink oder eine andere Milchalternative ersetzen, dann ist der Milchhafer auch für Veganer geeignet.

1 Die Vanilleschote längs aufschneiden. Das Mark herauskratzen und mit Milch, Agavendicksaft, und 1 Prise Salz in einen Topf geben und zum Kochen bringen. Haferkörner dazugeben und kurz aufkochen lassen.

2 Die Hitze reduzieren und den Milchhafer etwa 20 Min. köcheln lassen. Immer mal wieder umrühren. Zum Schluss die Schmelzflocken einrühren.

3 Die Bananen mit einer Gabel zerdrücken, zusammen mit dem Erdnussmus in den Topf geben und alles gut verrühren.

4 Nach Belieben Erdnüsse hacken und den fertigen Milchhafer damit bestreuen.

VARIANTE: Sie können den Milchhafer auch mit etwas selbst gemachter Karamellsauce toppen, dann erinnert der Geschmack an Erdnussriegel. Dafür in einem kleinen Topf 100 ml Hafersahne (Hafercusine) mit 50 g Rohrzucker aufkochen. 1 Prise Natron hinzufügen und 5 Min. köcheln lassen, bis eine glatte Sauce entsteht.

NÄHRWERTE PRO PORTION

723 kcal | 29 g F (8,7 g GFS) | 80 g KH | 32 g Z | 13 g BST | 25 g E | 3,6 g Hafer-Beta-Glucan

HIRSEBREI
mit heißen Kirschen

Die Gebrüder Grimm haben uns mit dem Hirsebrei schon im Märchen verzaubert. Dort hat der Zaubertopf ihn gekocht, hier müssen wir selbst rühren. Die nährstoffreiche Hirse ist in Kombination mit heißen Kirschen eine feine Süßspeise.

Für 4 Portionen à 330 g
Zubereitungszeit: 35 Min.

200 g Hirse
1 l Haferdrink
Salz
1 Glas Sauerkirschen (195 g Abtropfgewicht)
1 EL Stärke
1 EL Agavendicksaft
1 EL Mandelmus (nach Belieben)

1 Hirse in einem Sieb gründlich waschen. Mit dem Haferdrink und 1 Prise Salz in einen Topf geben, zum Kochen bringen und 15 Min. köcheln lassen. Vom Herd nehmen und 10 Min. ziehen lassen.

2 In der Zwischenzeit die Sauerkirschen in ein Sieb abgießen, dabei den Saft auffangen.

3 In einem Schälchen die Stärke mit 3 EL Kirschsaft glatt rühren. Die Kirschen mit 100 ml Saft in einem kleinen Topf erhitzen und die angerührte Stärke unter ständigem Rühren dazugeben. Ca. 1 Min. köcheln lassen.

4 Den fertigen Hirsebrei mit Agavendicksaft süßen, nach Belieben 1 EL Mandelmus unterrühren und den Brei auf vier Schalen verteilen. Mit den heißen Kirschen toppen und servieren.

VARIANTE: Sie können den Haferdrink auch durch einen anderen Pflanzendrink ersetzen, zum Beispiel Soja- oder Mandeldrink.

NÄHRWERTE PRO PORTION

363 kcal | 5 g F (1,0 g GFS) | 68 g KH | 29 g Z | 4 g BST | 7 g E | 0,7 g Hafer-Beta-Glucan

VEGETARISCH · GLUTENFREI

FARIS APFEL-HAFER-NUSS-CRUMBLE

Ein klassischer Apfelkuchen ist immer lecker, doch es gibt was Besseres – Fari, unsere Studentin der Ernährungswissenschaften, hat diesen saftigen, knusprigen Apfel-Hafer-Nuss-Crumble gebacken und uns damit rest(e)los glücklich gemacht.

Für 4 Portionen à 350 g
Zubereitungszeit: 40 Min.
Backzeit: 30 Min.

800 g Äpfel
1 Spritzer Zitronensaft
160 g Butter
80 g Schmelzflocken
50 g brauner Zucker
1 Prise Zimt
Salz
45 g Mandeln
45 g Walnusskerne
80 g vorgegarte Haferkörner
10 g Haferflocken

1 Den Backofen auf 170° (Ober-/Unterhitze) vorheizen.

2 Die Äpfel schälen, entkernen, in kleine Würfel schneiden, mit etwas Zitronensaft vermengen und in eine Auflaufform geben.

3 Butter mit Schmelzflocken, Zucker, Zimt und 1 Prise Salz in eine Schüssel geben und alles gut miteinander verkneten.

4 Mandeln und Walnüsse hacken und zusammen mit den Haferkörnern und den Haferflocken ebenfalls in die Schüssel geben. Alles gut vermischen und zu Streuseln verarbeiten.

5 Die Streusel gleichmäßig auf den Äpfeln verteilen und den Crumble ca. 30 Min. backen.

6 Herausnehmen, ein paar Minuten stehen lassen und lauwarm servieren.

TIPP: Servieren Sie eine Kugel Vanilleeis zum warmen Crumble – ein Genuss!

NÄHRWERTE PRO PORTION

733 kcal | 47 g F (23,2 g GFS) | 59 g KH | 39 g Z | 9 g BST | 9 g E | 1,5 g Hafer-Beta-Glucan

VEGAN

SCHOKOLADEN-HAFER-KUCHEN MIT BIRNEN

Schokoladig und süß, saftig und knusprig – dieser fruchtige Schokokuchen sieht nicht nur appetitlich aus, sondern schmeckt auch unglaublich lecker. Birne und Schokolade sind einfach eine geniale Kombi.

8 Stücke à 130 g
Zubereitungszeit: 20 Min.
Backzeit: 40 Min.

150 g Dinkelvollkornmehl
80 g Zucker
15 g Kakaopulver
10 g Backpulver
Salz
100 ml Haferdrink
50 ml Rapsöl
150 g vorgegarte Haferkörner
1 große Birne
15 g Mandelstifte

Außerdem:

1 Springform (20 cm Ø)
Fett für die Form

1 Den Backofen auf 180° (Ober-/Unterhitze) vorheizen.

2 Mehl, Zucker, Kakaopulver, Backpulver und 1 Prise Salz in eine Schüssel geben und gut miteinander vermengen.

3 In einer kleinen Schüssel Haferdrink und Rapsöl miteinander verrühren und zu den trockenen Zutaten geben. Alles zu einem glatten Teig verarbeiten. Zum Schluss die Haferkörner unterheben.

4 Die Springform einfetten oder mit Backpapier auslegen und den Teig in die Form streichen.

5 Die Birne waschen, schälen, vierteln und das Kerngehäuse entfernen. Die Viertel in Streifen schneiden und auf dem Teig verteilen. Die Mandelstifte darüberstreuen.

6 Den Kuchen im Backofen ca. 40 Min. backen. Herausnehmen und auf einem Kuchengitter auskühlen lassen.

TIPP: Für diesen Kuchen sind die klassischen Tafelbirnen gut geeignet, zum Beispiel Williams Christ, Forelle oder Abate Fetel.

NÄHRWERTE PRO STÜCK

249 kcal | 10 g F (1,3 g GFS) | 32 g KH | 15 g Z | 4 g BST | 4 g E | 0,4 g Hafer-Beta-Glucan

VEGETARISCH

RÜBLITORTE

mit Haferkorn und Frischkäse-Frosting

Haferkorn macht auch im Kuchen eine gute Figur. Die Möhren sorgen dafür, dass der Kuchen schön saftig wird, das Frosting verleiht ihm Frische. Die Rüblitorte ist ein Highlight auf jedem Kaffeetisch!

Für 8 Stücke à 130 g
Zubereitung: 20 Min.
Backzeit: 40 Min.

180 g Dinkelmehl
60 g Haferflocken
60 g Zucker
½ TL Zimt
1 Vanillezucker
1 TL Backpulver
150 ml Haferdrink
50 ml Rapsöl
1 Ei
Salz
120 g Möhren
40 g Walnusskerne
150 g vorgegarte Haferkörner

Für das Frosting:

175 g Frischkäse
30 g Puderzucker

Außerdem:

1 Springform (20 cm Ø)
Fett für die Form

1 Den Backofen auf 180° (Ober-/Unterhitze) vorheizen.

2 Dinkelmehl, Haferflocken, Zucker, Zimt, Vanillezucker und Backpulver in eine Schüssel geben und gut mischen.

3 In einer weiteren Schüssel Haferdrink, Rapsöl, Ei und 1 Prise Salz miteinander verrühren. Nun die feuchten zu den trockenen Zutaten geben und alles gut vermengen, bis ein glatter Teig entsteht.

4 Möhren waschen, putzen, grob raspeln und zum Teig geben.

5 Walnüsse grob hacken und zusammen mit den Haferkörnern ebenfalls zum Teig geben. Alles gut durchmischen.

6 Die Springform einfetten, den Teig einfüllen und den Kuchen ca. 40 Min. backen. Herausnehmen und abkühlen lassen.

7 Für das Frosting den Frischkäse mit Puderzucker glattrühren und den Kuchen damit bestreichen.

NÄHRWERTE PRO STÜCK

376 kcal | 18 g F (5,7 g GFS) | 40 g KH | 15 g Z | 3 g BST | 9 g E | 0,5 g Hafer-Beta-Glucan

SCHNELL VEGETARISCH

HAFERKORN-COOKIES

Die saftigen Haferkorn-Cookies schmecken nach Vanille und Schokolade. Das Dinkelmehl spielt seine Backqualität voll aus. Und das Beste ist: Es dauert keine halbe Stunde, bis die Kekse fertig sind.

Für 25 Cookies à 18 g
Zubereitungszeit: 15 Min.
Backzeit: 10 Min.

100 g vorgegarte Haferkörner
30 g Haferflocken
120 g Dinkelvollkornmehl
80 g Zucker
1 Pck. Vanillezucker
1 TL Backpulver
80 g Butter
1 Ei
30 g Schokotröpfchen

1 Den Backofen auf 180° (Ober-/Unterhitze) vorheizen.

2 Haferkörner, Haferflocken, Mehl, Zucker, Vanillezucker und Backpulver in eine Schüssel geben und vermengen.

3 Butter und Ei dazugeben und alles zu einem glatten Teig verarbeiten. Zum Schluss die Schokotröpfchen einarbeiten.

4 Aus dem Teig mit nassen Händen 25 kleine Kugeln formen, auf ein mit Backpapier ausgelegtes Backblech legen und leicht andrücken.

5 Die Cookies im Backofen 8–10 Min. backen. Herausnehmen und auf einem Kuchengitter abkühlen lassen.

VARIANTE: Sie möchten es noch etwas schokoladiger? Dann geben Sie 1 EL Kakaopulver in den Teig.

NÄHRWERTE PRO STÜCK

75 kcal | 3 g F (2,0 g GFS) | 9 g KH | 4 g Z | 1 g BST | 1 g E | 0,1 g Hafer-Beta-Glucan

VEGETARISCH

SNEZHINAS »GOLD«-KUGELN

Bei diesen Kugeln, die meine Mitarbeiterin kreiert hat, dürfen Sie ohne schlechtes Gewissen zugreifen. Die Kerne liefern gesunde Fette, die Haferkörner viele Ballaststoffe. Das macht diese süße Versuchung zu kleinen Energiespendern.

Für 20 Pralinen à 15 g
Zubereitungszeit: 20 Min.
Kühlzeit: 2 Std.

100 g Cashewkerne
100 g vorgegarte Haferkörner
15 g Kakaopulver
2 EL Kokosöl
1 EL Mandelmus
3 EL Agavendicksaft
50 g Zartbitterschokolade
30 g gehackte Haselnusskerne

1 Cashewkerne mahlen und zusammen mit Haferkörnern und Kakaopulver in einer Schüssel gut miteinander vermischen.

2 Kokosöl im Wasserbad oder in der Mikrowelle schmelzen und zusammen mit Mandelmus und Agavendicksaft zu den trockenen Zutaten hinzufügen. Alles gut miteinander vermengen, bis eine feste, klebrige Masse entsteht.

3 Aus der Masse mit angefeuchteten Hände 15 Kugeln formen.

4 Zartbitterschokolade im Wasserbad oder in der Mikrowelle schmelzen, mit den gehackten Haselnüssen verrühren und die Pralinen damit überziehen. In den Kühlschrank stellen, bis die Schokolade fest geworden ist.

TIPP: Kleine Mengen an Nüssen und Kernen können Sie im Mixer oder mit dem Pürierstab mahlen. Bereits gemahlene Cashewkerne sind nicht einfach zu bekommen, sie werden in gut sortierten Bioläden angeboten.

VARIANTE: Sie können die Schokolade auch weglassen und die Kugeln nur in den gehackten Haselnüssen wälzen.

NÄHRWERTE PRO PRALINE

91 kcal | 6 g F (2,5 g GFS) | 5 g KH | 3 g Z | 1 g BST | 2 g E | 0,1 g Hafer-Beta-Glucan

Bücher

Keuthage, Dr. Winfried: **Die Haferkur für einen gesunden Stoffwechsel. Natürliche Hilfe bei Diabetes, Fettleber und Fettstoffwechselstörung.** Trias 2021
Das erste Buch von Dr. Keuthage zum Thema Hafer wurde rasch zum Bestseller und ist bereits jetzt das Standardwerk. Es enthält umfangreiche Informationen zu Hafer, Beta- Glucan und deren gesundheitsfördernden Wirkungen.

Keuthage, Dr. Winfried: **Abnehmen mit der HAWEI-Methode. Die revolutionäre Formel aus Hafer & Eiweiß.** Gräfe und Unzer 2022
Das Dream-Team Hafer und Eiweiß spielt die Hauptrolle bei der einzigartigen HAWEI-Methode, welche die blutzuckersenkenden Eigenschaften des Hafers mit dem Sattmacher Eiweiß verbindet. So gelingt endlich gesundes und nachhaltiges Abnehmen.

Links

Die Inhalte der folgenden Websites werden verantwortet von Dr. med. Winfried Keuthage und seinem Team.

haferkoerner.de
Infos rund um die Haferkorntage, ganze Haferkörner, Haferreis, Flockenquetsche, weitere Haferprodukte und hilfreiche Tipps zum Kochen und Zubereiten von Haferkörnern

hawei.online
Infos, Studien, Rezepte rund um die HAWEI-Methode und Tipps zum Abnehmen

hafertage.com
Infos, Studien, Rezepte rund um Hafer, Hafertage und Einkaufsguide zu Haferprodukten sowie individuelle und gemäßigte Hafertage zum Download

Weitere nützliche Links

Deutsche Diabetes Gesellschaft
(DDG) e.V.
Leitlinien und Praxisempfehlungen zur Therapie bei Diabetes mellitus
www.ddg.info

Bundesverband Deutscher Ernährungsmediziner (BDEM) e.V.
Auf die Behandlung von Adipositas spezialisierte Ernährungsmediziner bieten oftmals Einzel- und Gruppenschulungen sowie die Betreuung vor und nach Adipositaschirurgie an.
www.bdem.de

Eurpean Society for Clinical nutrition and Metabolism
Europäische Behörde für Ernährungsempfehlungen
www.espen.org

U. S. Department of Agriculture (USDA)
Food Data Central
https://fdc.nal.usda.gov

Quellen

Freer, Chrissy: **Supergrains. Über 100 Rezepte mit Chia, Amaranth, Quinoa und Co.** Südwest Verlag

Hansl, Michaela: **Natürlich einfach – Kochen mit Haferreis. 55 gesunde Rezepte**. Ennsthaler

James, Ghillie: **Amazing Grains. Die besten Rezepte aus der neuen Getreideküche.** Neuer Umschau Verlag

Miedaner, Thomas / Longin, Friedrich: **Unterschätzte Getreidearten. Einkorn, Emmer, Dinkel & Co.** Erling Verlag

Souci, S. W. / Fachmann, W. / Kraut, H.: **Food Composition and Nutrition Tables.** Zusammensetzung der Lebensmittel – Nährwert-Tabellen. Deutsche Forschungsanstalt für Lebensmittelchemie (Hrsg.). Wissenschaftliche Vertragsgesellschaft, Stuttgart, 8. revidierte und ergänzte Auflage

Wahrburg, Ursel / Egert, Sarah: **Die große Wahrburg/Egert Kalorien & Nährwerttabelle.** Trias

Danksagung

Ich danke Frau Stella Schossow vom GU-Verlag sowie der Lektorin Frau Annette Gillich-Beltz für die konstruktive, intensive Zusammenarbeit an diesem Buch.

Besonders möchte ich mich für die tatkräftige Unterstützung meiner Mitarbeiterinnen bedanken, welche durch stetes Probieren, Abschmecken und Bewerten den Rezepten den letzten Schliff gegeben haben. Hervorzuheben ist Frau Snezhina Yordanova, die mit viel Herzblut einfallsreiche Rezeptkreationen entwickelt und mit kulinarischem Leben gefüllt hat. Die Praktikantinnen Frau Fariba Aatef und Frau Sophie Schmidt haben den Kochlöffel geschwungen, Frau Lara Walter und Frau Franziska Jürgens haben die wissenschaftlichen Recherchen durchgeführt. Meinen Patientinnen und Patienten danke ich für das positive Feedback zu den Haferkornrezepten und den Haferkorntagen, welches mich darin bestärkt hat, diese Ideen weiterzuverfolgen.

Meiner Ehefrau Kathleen danke ich, dass sie mir den Rücken stärkt und das Buch ermöglicht hat. Ganz besonders glücklich macht mich meine Tochter Anna, deren Rezeptideen mich stets inspiriert haben. Sie gibt mir Kraft und hat mich durch ihre Begeisterung für das Thema Hafer immer wieder aufs Neue motiviert.

Sachregister

Rezeptregister

Über den Autor

Dr. med. Winfried Keuthage ist Ernährungsmediziner und Diabetologe. In seiner zertifizierten Schwerpunktpraxis für Diabetes und Ernährungsmedizin in Münster/Westfalen behandelt er täglich Menschen mit Diabetes und Übergewicht, denen er eine gesunde, vollwertige Ernährung in Kombination mit regelmäßigen Hafertagen empfiehlt.

Im intensiven Austausch mit ihren Patienten haben Dr. Keuthage und sein Team, bestehend aus Ökotrophologinnen, Diätassistentinnen und Diabetesberaterinnen, viele neue Haferrezepte entwickelt und in zwei Büchern zum Thema Hafer »Die Haferkur für einen gesunden Stoffwechsel« sowie »Abnehmen mit der HAWEI-Methode« veröffentlicht. Beide Bücher wurden innerhalb kurzer Zeit zum Bestseller.

Dr. Keuthage setzt sich in vielfältiger Weise für die Stärkung der Ernährungsmedizin in der Aus- und Weiterbildung von Ärzten wie auch nichtärztlichem medizinischen Fachpersonal ein. An der Fachhochschule Münster hat er einen Lehrauftrag am Fachbereich Ökotrophologie und bildet angehende Ökotrophologen aus. Als Vorstandsmitglied des Bundesverbandes Deutscher Ernährungsmediziner (BDEM) setzt er sich maßgeblich für die Stärkung der Ernährungsmedizin in der ärztlichen Weiterbildung ein. Er ist der verantwortliche ärztliche Leiter des Kurses für die Zusatzweiterbildung Ernährungsmedizin für Ärzte an der Deutschen Akademie für Ernährungsmedizin in Freiburg. Zudem engagiert er sich ehrenamtlich als Mitglied im Ausschuss Ernährung der Deutschen Diabetes Gesellschaft (DDG) und als Co-Autor der aktuellen Praxisempfehlungen zur Ernährung von Personen mit Diabetes mellitus Typ 2.

LIEBE LESERINNEN UND LESER,

wir wollen Ihnen mit diesem Buch Informationen und Anregungen geben, um Ihnen das Leben zu erleichtern oder Sie zu inspirieren, Neues auszuprobieren. Wir achten bei der Erstellung unserer Bücher auf Aktualität und stellen höchste Ansprüche an Inhalt und Gestaltung. Alle Anleitungen und Rezepte werden von unseren Autoren, jeweils Experten auf ihren Gebieten, gewissenhaft erstellt und von unseren Redakteur*innen mit größter Sorgfalt ausgewählt und geprüft.

Haben wir Ihre Erwartungen erfüllt? Sind Sie mit diesem Buch und seinen Inhalten zufrieden? Wir freuen uns auf Ihre Rückmeldung. Und wir freuen uns, wenn Sie diesen Titel weiterempfehlen, in Ihrem Freundeskreis oder bei Ihrem Online-Kauf.

Sollten wir Ihre Erwartungen so gar nicht erfüllt haben, tauschen wir Ihnen Ihr Buch jederzeit gegen ein gleichwertiges zum gleichen oder ähnlichen Thema um.

KONTAKT ZUM LESERSERVICE

GRÄFE UND UNZER VERLAG
Grillparzerstraße 12
81675 München
www.gu.de

Ein Unternehmen der GANSKE VERLAGSGRUPPE

IMPRESSUM

GU ist eine eingetragene Marke der GRÄFE UND UNZER VERLAG GmbH, www.gu.de

ISBN 978-3-8338-9116-8
1. Auflage 2023

Projektleitung: Stella Schossow

Lektorat: Annette Gillich-Beltz

Bildredaktion: Simone Hoffmann

Umschlaggestaltung: ki36 Editorial Design, München, Sabine Skrobek

Layout: ki36 Editorial Design, München, Birgit Kohlhaas; Modifizierung des Layouts durch Lydia Geißler

Herstellung: Petra Roth

Satz: Lydia Geißler

Reproduktion: Longo AG, Bozen

Druck und Bindung: Firmengruppe APPL, aprinta druck, Wemding

UMWELTHINWEIS

Nachhaltigkeit ist uns sehr wichtig. Der Rohstoff Papier ist in der Buchproduktion hierfür von entscheidender Bedeutung. Daher ist dieses Buch auf PEFC-zertifiziertem Papier gedruckt. PEFC garantiert, dass ökologische, soziale und ökonomische Aspekte in der Verarbeitungskette unabhängig überwacht werden und lückenlos nachvollziehbar sind.

BILDNACHWEIS

Cover: GU/JUNI Fotografen (Rezeptfoto), Ines Heider (Autorenportrait)

Fotoproduktion: GU/JUNI Fotografen

Illustrationen: GU/Pia Bublies

Adobe Stock: S. 6, 42; Ines Heider: S. 16 (2), 43, 174; Stockfood: S. 13; Westend61: S. 9;

Bildredaktion: Simone Hoffmann

Syndication: www.seasons.agency

WICHTIGER HINWEIS

Die Gedanken, Methoden und Anregungen in diesem Buch stellen die Meinung bzw. Erfahrung des Verfassers dar. Sie wurden vom Autor nach bestem Wissen erstellt und mit größtmöglicher Sorgfalt geprüft. Sie bieten jedoch keinen Ersatz für persönlichen kompetenten medizinischen Rat. Jede Leserin, jeder Leser ist für das eigene Tun und Lassen auch weiterhin selbst verantwortlich. Weder Autor noch Verlag können für eventuelle Nachteile oder Schäden, die aus den im Buch gegebenen praktischen Hinweisen resultieren, eine Haftung übernehmen.